kleine schritte

louis sachar

Elinor Matt

Lehrerband
Analyse – Unterrichtsgestaltung – Materialien – Lösungen

Die Seitenangaben beziehen sich auf die Textausgabe
louis sachar, kleine schritte
Lizenzausgabe für Krapp & Gutknecht Verlag GmbH.
Diese stimmen auch mit der gebundenen Ausgabe von Bloomsbury überein.

„Der Trick bestehe darin, kleine Schritte zu machen und nicht aufzugeben." (S. 10)

Dieser Rat, den die Sozialarbeiterin Deo dem Protagonisten des Romans, gibt, ist hilfreich vor allem in einer Zeit, in der Erwachsene wie Jugendliche immer stärkeren Belastungen ausgesetzt sind. Reaktionen auf rasant wechselnde Umweltreize, Leistungsstress und Anpassungsdruck oder Überforderung können Desorientierung, Ausweichen in die Passivität oder auch Konflikte mit der Lebenswelt bis hin zu Drogenkonsum oder Kriminalität zur Folge haben. Mediziner und Therapeuten, Pädagogen und Kirchen entwickeln Hilfsangebote, sie erkennen, dass sie im Alltag den Jugendlichen zunehmend auch als Berater für Fragen zur Verfügung stehen müssen, um Probleme zu bewältigen und den eigenen Weg zu finden.
Zugleich beleuchtet der Roman durch die Parallelhandlung um die junge Popikone Kaira DeLeon und deren Crew Erscheinungen einer Pop-Scheinwelt, die – auf Kommerz ausgerichtet – selbstsüchtig das junge Mädchen ausbeuten. Auch wenn die Liebe zunächst scheitert: Wie Deo gelingt es Kaira, sich auf sich und ihre Wünsche und Kräfte zu besinnen.
So erscheint es folgerichtig, eine Lektüre zu wählen, die – neben den die Literaturrezeption betreffenden fachlichen Inhalte – durch die Figuren und den Handlungsverlauf eine Botschaft weitergibt, die sich als wertvoll für die Lebensrealität der Schülerinnen und Schüler erweisen könnte: den Rat der „kleinen schritte".

Das vorliegende Schülerarbeitsheft bereitet durch seine Ausrichtung auf die in den Bildungsstandards für das Fach Deutsch bundesweit festgelegten Kompetenzen auf die Anforderungen, die in den Schuljahren vor den Abschlussprüfungen und in den Prüfungen für den Hauptschul- und den Mittleren Bildungsabschluss an die Schülerinnen und Schüler gestellt werden, vor. Durch die Bezugnahme auf die Bildungsstandards ist gleichzeitig die Verbindung zu den Lehr- und Bildungsplänen der einzelnen Bundesländer und Schulen garantiert. Daher sind diese Materialien bundesweit in den Klassen 8 – 10 einsetzbar.
Die Aufgabenstellungen berücksichtigen allgemeine Schlüsselkompetenzen wie Selbstständigkeit, Sozialkompetenz und Teamfähigkeit, Kritik- und Entscheidungsfähigkeit sowie die spezifischen Fertigkeiten und Fähigkeiten, die das Fach Deutsch mit seinen Teilbereichen verlangt. Die Aufgabenstellungen umfassen einerseits Methoden und Arbeitstechniken, die zur Analyse und Interpretation hinführen sowie die kreativen Möglichkeiten der Handlungs- und Produktionsorientierung und tragen andererseits auch der notwendigen Differenzierung Rechnung. Zudem sind Aufgabenstellungen eingearbeitet, die bundesweit in Testen üblich sind.

Diese Lehrerhandreichung erweitert das Spektrum der Themen und Aufgabenstellungen, stellt ausführliche Hinweise zu den Aufgaben in beiden Heften bereit und vertieft die Einsichten in die Textbotschaft.
Zudem enthält sie die Formate des Gestaltenden und Interpretierenden Schreibens, die nicht die unterschiedlichen Klassenarbeitsformen in den einzelnen Bundesländern ersetzen sollen, sie enthält Anregungen zu Klassenarbeitsthemen und bereitet auf die Produktion von gestaltenden Textformen wie Brief, Tagebuch, innerem Monolog und erlebte Rede vor. Dazu ist eine Vorschlagsliste für Klassenarbeitsthemen und Teste angefügt.

Zuletzt, aber mit besonderem Nachdruck, sei darauf hingewiesen, dass die Aufgabenstellungen und das Layout des Heftes versuchen, die Atmosphäre, in die das Buch den Leser entführt, einzufangen.

In diesem Sinne wünsche ich Ihnen viel Freude beim Lesen der Lektüre und ihrer Behandlung im Unterricht.

Entlassen aus dem Erziehungscamp Green Lake versucht der Schwarzamerikaner Theodore Johnson, bekannt unter dem Spitznamen Deo, mithilfe des Rates der Sozialarbeiterin, sich sein neues Leben in Austin mit einem „Plan der kleinen Schritte" aufzubauen.

Zu diesen Schritten gehören Aktivitäten, die den Schulabschluss auf der High-School und eine Berufsausbildung betreffen, aber auch Verhaltensregeln wie sparsam sein und keine strafbaren Handlungen mehr zu begehen. Mit dem letzten Punkt des Fünf-Schritte-Plans, den aus dem Camp stammenden Spitznamen Deo loszuwerden, wird der Wunsch neu anzufangen, das alte Leben völlig hinter sich zu lassen, besonders verdeutlicht.
Gelingen und Misslingen dieses Plans sind Stationen im Romangeschehen. Vorurteilen und Diskriminierung begegnet Deo immer wieder. Dass er vorbestraft und schwarz ist und im falschen Stadtteil wohnt, macht ihm die Verwirklichung seines Plans zusätzlich schwer.

Er jobbt, er schuftet hart bei Raincreek – Bewässerung und Landschaftsbau. Dieses Mal bekommt er jedoch fürs Schaufeln Geld. Sein Boss Jack Dunlevy bezahlt ihm sieben Dollar und fünfundsiebzig Cent die Stunde.
Mit seiner kleinen behinderten Nachbarin Ginny zusammen geht Deo erfolgreich den Weg der kleinen Schritte, bis er trotz großer Bedenken auf einen Vorschlag seines besten Kumpels X-Ray eingeht, Konzertkarten für den neuen Jung-Rockstar Kaira DeLeon auf dem Schwarzmarkt zu verkaufen.
Als er mit den restlichen Karten mit Ginny das Konzert besucht, nicht wissend, dass diese von X-Ray gefälscht wurden, führt ein rassistischer Übergriff der Polizei bei seiner Festnahme dazu, dass Kaira DeLeon auf ihn aufmerksam wird. Das Geschehen um die beiden nimmt ihren Anfang.
Sie verlieben sich und es scheint fast, als würde Deos Leben sich in großen Schritten verändern.

Kaira, eingeschlossen in eine nur auf ihre Karriere ausgerichtete Lebenswelt, einsam, ohne Freunde und Abwechslung, verbindet mit Deo die Hoffnung auf Veränderung. Die Faszination ihrer ersten Begegnung verführt beide zu einem zu großen Schritt, der nicht von der Realität getragen ist: den Glauben an eine mögliche Liebesbeziehung. Doch es kommt zu einem Missverständnis und zum Bruch. Die beiden jungen Leute kennen sich nicht wirklich, das für eine Beziehung notwendige Vertrauen konnte noch nicht entstehen. So unterstellt Kaira, dass Deo wie alle anderen es nur auf ihr Geld abgesehen hat und Deo seinerseits kann Kairas Vorwurf nicht verstehen.

Das anschließende Geschehen ist turbulent. Kairas Manager und Stiefvater El Genius führt aus Geldgier einen Mordanschlag auf sie aus, Kaira wird gerettet durch ihren Leibwächter Fred und Deo, die in letzter Minute eingreifen können. Aber Deo fliegt nach Hause, bevor er sich mit Kaira aussprechen kann, die bewusstlos ins Krankenhaus gebracht wird.

Am Ende des Romans konzentriert sich Deo mit neuen Einsichten wieder auf seinen Plan der kleinen Schritte, Kaira verwirklicht nach ihrer Genesung ihre eigene Vorstellung von ihrem Gesang und ihren Auftritten: nicht die große Show, sondern Schlichtheit und Ehrlichkeit. Eine neue Möglichkeit der Beziehung wird angedeutet, bleibt aber offen.

„Ginny und Deo hatten sich auf Anhieb verstanden. Sie hatte keine Angst vor ihm, und er bemitleidete sie nicht. [...] Zusammen lernten sie, kleine Schritte zu machen.“ (S. 27)

„Wenn ich Liebeslieder singe, hilft es mir, an dich zu denken. Früher habe ich mir dazu eine Art Märchenprinzen erfunden.“ (Kaira, S. 173)

Diese beiden Textstellen weisen auf die Probleme der Figuren, ihre Beziehungen und ihre Handlungsweisen hin. Die Titel-Thematik der *„kleinen Schritte“* verbindet sich mit der Darstellung der unterschiedlichen Beziehungen Deos zu den beiden Mädchen Ginny und Kaira.

Die Freundschaft zwischen Deo und Ginny steht auf dem Boden der Realität, vollzieht sich im alltäglichen Miteinander, sie ist getragen von der Ehrlichkeit zueinander. Ginnys Bemühungen im Umgang mit ihrer Behinderung sind ebenso wie das durch diese Freundschaft unterstützte Wachsen von Deos Selbstbewusstsein die *kleinen Schritte*, die möglich sind.

Im Gegensatz dazu ist die Beziehung von Deo und Kaira charakterisiert durch Wunschbilder und Hoffnungsvorstellungen, in denen Kaira ihren selbst erschaffenen Märchenprinzen durch Deo ersetzt, den Deo ihrer Sehnsüchte. Das Missverständnis um den zweiten Brief entlarvt den zu großen Schritt, weist auf den Mangel der vielen kleinen Schritte des Kennenlernens hin und auf die Gefährlichkeit, von einer romantisierten Partnerschaft die Lösung der eigenen Lebensproblematik zu erwarten.

Verbunden mit dem Beziehungsgeschehen ist Deos Fünf-Schritte-Plan. Er verliert ihn in dem Augenblick aus den Augen, als er sich auf den Weg in die Welt Kairas nach San Francisco macht und seinen Schulabschluss in Frage stellt. Erst am Ende der Romans greift er – gereift durch seine neuen Einsichten – wieder auf ihn zurück. Durch den Umgang mit der Behinderung Ginnys hat Deo eigene Fähigkeiten erkannt, die er mit dem Wunsch verbindet, diese vielleicht in einem entsprechenden Beruf einsetzen zu können. Der Fünf-Schritte-Plan Deos, ausgerichtet auf Schule, Beruf und Lebensplanung, beleuchtet die Thematik der kleinen Schritte auf einer weniger emotionalen Ebene.

Beide Ebenen der *„kleinen schritte“* senden wichtige Botschaften:

- Lass Beziehungen Zeit, sich im täglichen Miteinander zu entwickeln.
- Verliere dein eigenes Leben nicht aus den Augen.
- Nutze den Plan der kleinen Schritte, wenn du größere Aufgaben zu bewältigen hast.

Diese Botschaften vermittelt der Roman auf eine sehr lebendige, abwechslungsreiche und unterhaltsame Art und Weise. Seien es die zartfühlenden Szenen mit Deo und Ginny, die emotional aufgeladenen Begegnungen von Deo und Kaira, die teilweise erheiternden Machenschaften und Äußerungen eines X-Ray oder die menschlich und vorsichtig geführten Ermittlungen von Detective Newberg, alle diese Situationen und ihre Darstellungen tragen zum Lesevergnügen und – im besten Fall – zu neuen Einsichten bei.

Die Arbeit mit dem Schülerheft soll

- das Erfassen des Inhaltes erleichtern,
- Charaktere und Beziehungen deutlich machen,
- zur Reflexion über Sprache und ihre Funktion anleiten
- und Textbotschaften vermitteln.

Die unterschiedlichen Aufgabenstellungen berücksichtigen analysierende, interpretierende und kreative Arbeitsweisen und tragen zur Förderung dieser Fähigkeiten bei. Die Zusammenstellung der Aufgaben ist einerseits ausgerichtet auf einen sorgfältigen differenzierten Umgang mit dem literarischen Text, andererseits hat sie – durch die handlungs- und produktionsorientierten Arbeitsaufträge – die Lesefreude, die Stärkung der Empathiefähigkeit sowie die damit einhergehende Lesemotivation im Blick.

Die Organisation der Aufgabenwerkstatt trägt der anzustrebenden Selbstständigkeit und Entscheidungsfähigkeit Rechnung. Die Schülerinnen und Schüler sollen aus jedem Themenbereich jeweils eine Aufgabe auswählen oder auswürfeln. Die Wahl kann aufgrund einer individuellen Einschätzung des Bearbeitungserfolges und/oder der Vorliebe für bestimmte Aufgabentypen erfolgen. Es gibt auch die Möglichkeit, die Zuweisung der Aufgabe dem Zufall zu überlassen, indem die Würfelaugen entscheiden. Dabei sollten die Schülerinnen und Schüler dazu angehalten werden, ein einmal gewürfeltes Ergebnis nicht sofort infrage zu stellen. Denn hier bietet sich die zusätzliche Chance, eine getroffene Entscheidung nicht zu verwerfen, wenn Schwierigkeiten auftauchen, sondern zunächst zu versuchen, den Arbeitsauftrag zu erfüllen.
Viele Aufgaben im Schülerheft eignen sich zur Bearbeitung in Paar- oder Gruppenarbeit, andere lassen sich gut als Hausaufgaben erledigen. Die Wahl der Sozialform liegt in der Hand der Lehrperson, die nach Kriterien wie Leistungsfähigkeit, Unterrichtsmanagement und Zeitökonomie sowie der Bedeutung, die der Teamfähigkeit zugewiesen wird, entscheiden kann. Das gilt auch für die Auswahl der zu bearbeitenden Aufgaben im Hinblick auf Differenzierung, nachdem die für alle Lerngruppen obligatorischen Basisaufgaben erledigt worden sind.

Der Aufbau des Lehrerhefts

Auf den folgenden Seiten werden **die Themenschwerpunkte des Schülerheftes und dessen Verwendung** vorgestellt.

Die **Lösungen zu den Aufgaben im Schülerheft befinden sich im Lösungsteil** Seite 51-68.
L Lösungsseiten sind in der Kopfzeile gekennzeichnet.
Diese lassen sich so leichter kopieren und Schülern zur Verfügung stellen.

Der Heftteil **„Ergänzende Unterrichtsmaterialien"** stellt weitere Themenvorschläge mit ergänzenden Materialien in Form von Kopiervorlagen vor (Seite 21-44).
Diese Materialien werden zunächst erläutert: Seite 16-20
Die **Lösungen dazu im Lösungsteil:** Seite 68-70

Das Kapitel **„Klassenarbeiten"**, Seite 45-50, enthält jeweils eine Musteraufgabe zur Aufgabenform **„Gestaltendes Schreiben"** und **„Interpretierendes Schreiben"** mit Lösungshinweisen (Seite 71-72).

Eine Themenliste mit weiteren Vorschlägen zur Evaluierung und zur Leistungsüberprüfung schließt dieses Kapitel ab.

Hinweise zu den Themenschwerpunkten des Schülerheftes

I. Inhaltssicherung *SH 3-17*

Grundlage der Behandlung des Romans ist die Sicherung des Inhaltes. Es wurde bei den Aufgaben auf ein variationsreiches Angebot geachtet.
Hierzu werden Arbeitstechniken angeboten, die durch die Textarbeit in den vorangegangenen Klassenstufen bekannt sein dürften:

- Lückentexte mit und ohne Wortvorgaben,
- Bilden von vollständigen Sätzen (Teilsätze, Stichwörter, Fragen),
- Ausfüllen von Leerstellen in Inhaltsangaben,
- Korrigieren von fehlerhaften Zusammenfassungen
- und das selbstständige Verfassen.

Die Formulierung einer Überschrift zu jedem Kapitel und das Notieren der wichtigsten Informationen dienen der besseren Übersicht über den Handlungsverlauf und der Erfassung der einzelnen Handlungsschritte.
Das Lösen des Kreuzworträtsels (SH 17) verbindet die Inhaltssicherung frühzeitig mit den im Roman angesprochenen Themen und kann später für eine Wiederholung der thematischen Schwerpunkte genutzt werden. Zudem könnte ein solches Vorgehen einen weiteren Anreiz zum genauen Lesen bieten und gleichzeitig Möglichkeiten für Diskussionen eröffnen, so dass schon in dieser Phase eine Vertiefung stattfinden kann.
Die Textbegegnung kann – je nach Lerngruppe – unterschiedlich gestaltet werden. Leistungsstarke Schülerinnen und Schüler sollten die Lektüre als Hausaufgabe erledigen, frei oder in Form eines Wochenplanes (siehe Kopiervorlage S. 21).
Schülerinnen und Schüler mit einer geringeren Leseleistung und/oder Lesemotivation profitieren von einer Kombination mit dem Hörbuch, das alternierend zur häuslichen Lektüre, stillen Lesephasen oder für die gesamte Textbegegnung eingesetzt werden kann.

> (Hinweis: Laut Auskunft von Goya ist das Hörbuch inzwischen leider vergriffen; eine Neuausgabe ist nicht bekannt. Im Internet werden jedoch immer wieder gebrauchte CD-Hörbücher angeboten.)

II. Handlungsträger *SH 18-23*

Die Erarbeitung der Charakteristiken der Handlungsträger beschränkt sich auf die beiden Hauptfiguren Deo und Kaira und fügt die Beschäftigung mit den besonderen Merkmalen weiterer Figuren in den Aufgabenteil ein, der die Lebensräume zum Thema hat.

Theodore Johnson (Deo) *SH 18-20*

Die **Charakterisierung Deos** beginnt mit den aus dem Text zu entnehmenden Daten zur Person, die in der **Aufgabe 1** in einem Steckbrief aufgelistet werden sollen. Dazu ist einerseits die genaue Arbeit am Text erforderlich, andererseits spart das stichwortartige Notieren Zeit.
Aufgabe 2a nimmt Bezug auf die beiden Formen der Charakterisierung und erteilt in **2b** einen Arbeitsauftrag zur indirekten Charakterisierung, der mithilfe von Textstellen dazu anleitet, aus Handlungen und Verhaltensweisen Eigenschaften abzuleiten, die durch Adjektive benannt werden sollen. Hier ist darauf zu achten, dass nur Adjektive genannt werden und nicht auf adjektivisch gebrauchte andere Wortarten zurückgegriffen wird. So gesehen hat diese Aufgabe einen höheren Schwierigkeitsgrad durch ihre Verknüpfung mit dem Teilbereich Grammatik.
2c nimmt die direkte Charakterisierung in den Blick, die mithilfe der Seitenangaben aus dem Text herauszusuchen sind. Dabei kann die Technik des überfliegenden Lesens hilfreich sein, um möglichst schnell die entsprechenden Stellen zu identifizieren.
Die Beschäftigung mit **Kompetenzen, die im Berufsleben eine Rolle spielen**, zielt in **Aufgabe 3** auf Deos Verhalten in seinem Job bei der Firma für Bewässerung und Landschaftsbau, einem wichtigen Bereich im Leben des Protagonisten, wie auch an seinem Fünf-Schritte-Plan zu sehen ist. Da die in unterschiedliche Bereiche eingeteilte Auflistung

der Kompetenzen von Fachleuten stammt, die sich mit dem Berufsleben und seinen Anforderungen beschäftigen, stellt diese Aufgabe einen direkten Bezug zur Lebensrealität der Schülerinnen und Schüler her.
Aufgabe 4a schließt die Charakteristik Deos ab mit Beurteilungen, die andere Figuren über ihn abgeben. Diese Beurteilungen sollen die positive Zeichnung des jungen Schwarzamerikaners durch den Autor noch weiter verdeutlichen. In **4b** ist die Möglichkeit gegeben, sich ein eigenes Urteil zu bilden, das den Ergebnissen der vorhergehenden Aufgabe zustimmen oder widersprechen kann und Gelegenheit bietet, eine eigene Meinung nicht nur spontan zu formulieren, sondern argumentativ mit Informationen aus dem Text zu untermauern.

Kaira DeLeon (Kaira Spears) *SH 21-23*

Der zweite Teil der Einheit Handlungsträger beschäftigt sich mit der weiblichen Hauptfigur, der Sängerin **Kaira DeLeon**, die ebenfalls der schwarzamerikanischen Bevölkerungsgruppe angehört.
Die **Aufgabe 1** befasst sich – wie die erste Aufgabe zur Charakteristik Deos – mit Informationen über die Figur, ihre Lebensumstände und ihre Lieder. Nur wird hier wird kein stichwortartiges Ergebnis, sondern ein ausformulierter Text gefordert, der sich in seinen stilistischen Merkmalen an der Textform Zeitungsbericht zu orientieren hat. So hat die Lerngruppe nicht nur die Informationsentnahme aus dem Text, sondern auch das Verfassen einer bestimmten Textform zu leisten.
Um die Bearbeitung des Romans abwechslungsreich zu gestalten, wurde darauf geachtet, dass die Ergebnisse mit unterschiedlichen Arbeitsaufträgen gesichert werden. So werden in der **Aufgabe 2** Adjektive, die Kairas Charakter betreffen, in einer Liste zur individuellen Auswahl bereitgestellt. Das entlastet durch die schon geleistete Wortfindung und differenziert durch die Möglichkeit, eine eigene Auswahl der drei besten Angebote vorzunehmen. Durch die verlangte Begründung ist eine Auseinandersetzung mit den charakterlichen Merkmalen der Figur möglich.
Die Aufgaben 3 und 4 greifen den Bezug der Sängerin zu ihren Liedtexten auf. Die Texte sprechen Themen an, die heranwachsende Mädchen in der Zeit ihrer Selbstfindung, also auch Kaira selbst, betreffen, aber auch Themen, die gesellschaftliche Relevanz haben und auf Probleme hindeuten. Durch die abgedruckte Auswahl der Liedausschnitte und die angegebenen Seitenzahlen werden die Schülerinnen und Schüler auf die unterschiedlichen Aspekte gelenkt. Der Arbeitsauftrag, die entsprechenden Informationen über Kaira herauszulesen, setzt die Fähigkeit voraus, aus den gewählten Themen auf den Charakter der Figur schließen zu können und ist somit sehr anspruchsvoll.
Da die Auftritte Kairas durch eine genaue und gezielte Planung der Arrangeure vorbereitet werden, ist anzunehmen, dass die Themen auf Publikumswirkung ausgerichtet sind. Dennoch sind es Kairas Themen, die auch selbst darauf hinweist, wenn sie von ihren selbst geschriebenen Texten spricht oder wenn sie durch ihr Verhalten zeigt, dass sie sich um Menschen sorgt, die in Schwierigkeiten sind.

III. Lebensräume *SH 24-34*

Deos Welt *SH 24-28*

Zunächst wird **der Lebensraum Deos** in den Blick genommen.
Erste Information über die Gesellschaft, in der Deo lebt, werden der Lerngruppe durch das Schaubild vermittelt und die **Aufgabe 1a**, die durch die Unterstreichungen die für Deo relevanten Angaben heraussuchen lässt. In **1b** wird mithilfe der ausgewählten Informationen die soziale Schicht benannt und begründet, der Deo und seine Familie angehören.
Da im Roman mehrmals auf den **Rassismus und seine Relevanz für die Figuren** hingewiesen wird, beschäftigt sich **Aufgabe 2** mit diesem Phänomen. Die entsprechenden Textstellen, die im Hinblick auf ihren Bezug zum Rassismus ausgewertet werden sollen, sind vorgegeben. So wird den Schülerinnen und Schülern durch Situationen veranschaulicht, wie Deo mit dem Rassismus konfrontiert wird und wie er damit umgeht.

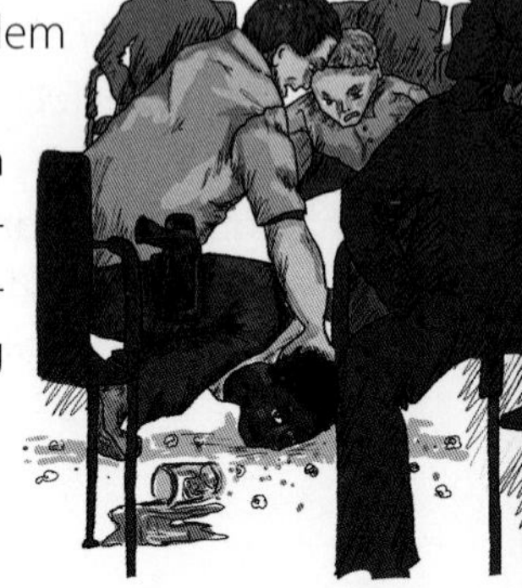

X-Ray gehört als ehemaliger Kumpel aus dem Erziehungscamp zu den Bezugspersonen Deos. Zudem hat der Autor mit ihm eine Figur geschaffen, die sich in ihren Verhaltensweisen und Einstellungen von Deo unterscheidet und so die positive Zeichnung des Protagonisten noch deutlicher darstellt. Durch die in **Aufgabe 3** verlangte Gegenüberstellung werden die Details dieser Unterschiedlichkeit der Figuren herausgearbeitet.

Die **Beziehung von Deo zu der kleinen Ginny** ist aus mehreren Gründen sowohl für die Figurenkonstellationen als auch für die Textbotschaft von Bedeutung. Einerseits weist sie, getragen von gelebter Freundschaft und Vertrauen, auf die nicht durch Kennenlernen und gemeinsame Erfahrungen entwickelte Beziehung von Deo und Kaira hin, andererseits realisiert sie die im Titel genannten „kleinen schritte", nicht nur was die Fortschritte im Kampf gegen die Behinderung und die Stärkung des Selbstwertgefühls angeht, sondern auch was den Weg zur verbindenden Gleichheit der schwarzen und weißen Bevölkerung betrifft.
Um sich den Charakter dieser Beziehung deutlich vor Augen zu führen, verlangt **Aufgabe 4a** durch das Vervollständigen der Cluster die Auflistung der Unterschiedlichkeiten der beiden Figuren, **4b** die Formulierung für die Erfahrungen, die beide mit den Menschen gemacht haben und **4c** die Erläuterung der Textstelle, die die Basis dieser funktionierenden Freundschaft klar zusammenfasst.
Die anderen Figuren, die zu Deos Lebenswelt gehören, kommen in **Aufgabe 5** in den Blick.
Mithilfe eines Figurennetzes werden in **5a** ihre Beziehungen zu Deo geklärt. Da die für dieses Schaubild notwendigen knappen und treffenden Formulierungen Schülerinnen und Schülern erfahrungsgemäß Schwierigkeiten machen können, sind sie in einem Textfeld angegeben und müssen lediglich richtig zugeordnet werden.
Dem Teilbereich „Zuhören und Sprechen" Rechnung tragend, verlangt die **Aufgabe 5b** die im Figurennetz festgehaltenen Ergebnisse und hinzugefügte passende, die Aussagen belegende Textstellen in einer Rede zu präsentieren. Die Erarbeitung der Rede könnte im Unterricht in einer Gruppenarbeit, die sich mit dem Heraussuchen der Textstellen und der Erarbeitung eines Stichwortzettels beschäftigt, ihren Anfang nehmen und als Hausaufgabe (Rede-Präsentation einüben) fertiggestellt werden.

Informationen zur Kurzrede

Möglichkeiten von Stichwortzetteln

I. Das vorbereitete Ablesen:
- gesamten Redetext deutlich auf DIN-A4-Blätter schreiben
- Absätze und Einrückungen benutzen
- Schlüsselwörter hervorheben: Fettdruck, Farbe, Unterstreichung

Vorteil: Redner kann sich vom Blatt lösen, kann aber auch darauf zurückgreifen (Sicherheit).

Mit dieser Methode kann man auch mit „Regieanweisungen" arbeiten
- für Blickkontakt: BK oder ☺
- Lautstärke: ○ (leise) und ● (laut)
- Betonungszeichen: ________ oder / \
- Intonationszeichen: ↗ ↘
- Anweisung zum Medieneinsatz: „Folie" oder „Tafel" usw.
- Pausenzeichen: / oder // oder ///

II. Die Stichwort – Text – Kombination:
- einzelne Blätter im DIN-A4-Format so aufteilen, dass die linke Spalte ein Drittel (= 7 cm) ausmacht und die rechte Spalte zwei Drittel (= 14 cm)
- auf die rechte Seite: Redetext schreiben
- auf die linke Seite: Leitgedanken (absatzweise) und ergänzende Stichwörter schreiben (darauf achten, dass sie dem Inhalt entsprechen)
- Rede möglichst frei nur mit der linken Seite halten
- rechte Seite als Sicherheit

III. Die Kärtchen – Methode:
- Karteikarten im Format DIN-A6 (Karten nummerieren)
- auf jeder Karte: Leitgedanken als Überschrift und wenige weiterführende Stichworte
- Leitgedanken und Stichworte nur auf die Vorderseite der Karten schreiben
- Rückseite: mögliche Detailinformationen

IV. Die Stichwortgliederung:
- möglichst nur ein einziges DIN-A4-Blatt verwenden
- groß und deutlich (mit Filzstiften) nur Leitgedanken und die wichtigsten Stichworte/Pfeile
- mit Bleistift zusätzliche Stichworte als Stütze
- am Blattende: gezielter Schlusssatz

V. Bilder statt Stichworte
- einzelne Blätter im DIN-A4-Format so aufteilen, dass die linke Spalte ein Drittel (= 7 cm) ausmacht und die rechte Spalte zwei Drittel (= 14 cm)
- auf die rechte Seite: Redetext schreiben – auf die linke Seite: Bilder statt Stichworte (absatzweise)

Anleitung zum Üben
Sprich deine Kurzrede sieben Mal laut. Achte auf Natürlichkeit. Du kannst deine Rede auch vor Zuhörern üben (Familienmitglieder, Freunde, ...).
Richte deine Aufmerksamkeit bei jedem Schritt auf die angegebenen Punkte.

1) Schritt: Ausformulieren der **Stichworte**
2) Schritt: Ausformulieren und **deutliches Sprechen**
3) Schritt: Ausformulieren mit Beachtung von **Lautstärke und Tempo**
4) Schritt: Ausformulieren und **Blickkontakt**
5) Schritt: Ausformulieren und **Sprechfluss**
6) Schritt: Ausformulieren und **Lebendigkeit**
7) **Alle Merkmale**

Merkmale einer guten Rede:
- angemessene Lautstärke
- angemessenes Tempo
- Deutlichkeit der Aussprache
- Lebendigkeit
- Blickkontakt

Kairas Welt *SH 29-34*

Die Lebenswelt Kairas ist die Welt des Showbusiness. Zur Vermittlung von Informationen über das Showbusiness, die gleichzeitig der Gefahr der kritiklosen Faszination entgegenwirken sollen, dient ein fingiertes Interview mit einem Medienreporter.
Nachdem dieses Interview gelesen ist **(Aufgabe 1a)** sollen in der **Aufgabe 1b** die Informationen herausgesucht und in einem Text zusammengefasst werden, die auf Kaira und ihr Leben zutreffen. Ziel dieses Arbeitsauftrages ist es, darauf hinzuweisen, dass die im Roman geschilderten Lebensumstände ihre Entsprechung in der Realität haben und so den Transfer von einem fiktionalen Text in die Lebenswirklichkeit zu leisten. Zur weiteren Problemverdeutlichung werden die Schülerinnen und Schüler in der Fußnote auf Links hingewiesen, die darüber informieren, inwieweit auch junge Künstlerinnen und Künstler der Musikbranche die Medienmacht kritisieren.

El Genius und Aileen sind Figuren, deren Charakterisierung die negativsten und Merkmale der „Karrieremacher“ aufweist und die durch ihre kriminelle Energie aus dem Rahmen fallen. Darauf sollte die Lerngruppe hingewiesen werden.

Aufgabe 2 nimmt die beiden Hauptverantwortlichen für die Karriere und Lebensweise Kairas in den Blick und weist auf ihre gefährliche Unehrlichkeit hin **(2a)**. **Aufgabe 2b** soll durch die Erläuterung der Textstelle besonders auf die zwiespältige Lage hinweisen, in der sich Kaira gegenüber El Genius befindet, die einerseits durch die Ablehnung der Person des Managers gegenüber und andererseits durch ihre Abhängigkeit von ihm geprägt ist.
Aufgabe 3 stellt mit der Anweisung, ein Lied über die Ereignisse um den Mordanschlag zu verfassen, die Verbindung von Realität und Kunst her, die in Kairas Liedern generell auszumachen ist und, passt sich so in das Romangeschehen ein. Durch den jahrelangen Umgang mit handlungs- und produktionsorientierten Aufgaben sind die Schülerinnen und Schüler in der Lage, solche Texte zu verfassen, zumal ihnen keine formalen Vorgaben gemacht werden und Muster in den Kaira-Liedern zur Verfügung stehen.
Die Verbindung von Arbeit mit dem Text und Ergebniszusammenfassungen ist in **Aufgabe 4a/b** geleistet. Das **Herausgreifen der beiden Figuren Cotton und Fred aus der Crew** der Tournee findet seine Begründung in den besonderen Rollen, die sie für Deo spielen. Cotton sorgt mit seiner zuwendenden Haltung Kaira gegenüber für das Vorhandensein der Menschlichkeit inmitten von Profitgier, Neid und Gleichgültigkeit. Fred, der erst am Ende des Romans von Kaira als echter Beschützer erkannt wird, ist als Weißer in den Diensten des schwarzen El Genius und steht so auch für Veränderung im gesellschaftlichen Umgang.

Mittenseiten Deos Welt – Kairas Welt *SH 32-33*

Die Mitte des Schülerhefts ist ein Angebot, mittels der Abbildungen und der Hinweise eine eigene Übersichtsvisualisierung der Welten Kairas und Deos und des Romans zu gestalten, den Inhalt zu wiederholen oder sich zu den wichtigsten Ereignissen und der Entwicklung der Beziehung Kaira – Deo auszutauschen.

IV. Begegnungen *SH 35-41*

Die **Beziehung zwischen Deo und Kaira** ist das Mittelpunktgeschehen des Romans.
Stationen der Begegnung – Hoffnungsbilder – Missverständnis sind die drei Überschriften für die Aufgaben dieser Einheit. Sie weisen auf den Aufbau innerhalb des Handlungsganges und auf die Stationen der Beziehung hin.
Folgerichtig beschäftigt sich die **Aufgabe 1** mit den Begegnungen dieser Figuren. **1a** nennt die unterschiedlichen Kontakte und lässt sie in den Handlungsverlauf einordnen. So entsteht eine Übersicht über die Begegnungssituationen innerhalb der Handlungsstruktur. Zum Beispiel wird deutlich, dass sie weder am Anfang, noch am Ende des Romans stattfinden. **1b** gibt den Arbeitsauftrag, die drei persönlichen Begegnungen zu bearbeiten. Das geschieht mithilfe der Formulierung der Überschriften, was ein Verstehen der Situation voraussetzt, und der Zusammenfassungen, die Training bedeuten für das Erkennen der inhaltsrelevanten Informationen und für das Verfassen von Texten. Die Wahl des passenden Schaubildes für den Zusammenhang der Begegnungen, die **Aufgabe 1c**, soll verdeutlichen, dass die Begegnungen in ihrer Abfolge voneinander abhängig sind. So ist die unerwartete erste Begegnung und ihr Ablauf der Auslöser, dass es durch Kairas Initiative zu einem zweiten Treffen kommt, und die Nähe der Figuren und ihre Unabgeschlossenheit in der zweiten Begegnung veranlasst Kaira, erneut eine Begegnung zu initiieren, die auch Deos Wunsch ist.
Mit der **Aufgabe 2** sind die Hoffnungsbilder angesprochen. Kairas Interesse an einem Wiedersehen begründet sich in ihren Hoffnungen, die sie mit einer möglichen Beziehung verbindet. Das Schreiben des inneren Monologes **(2a)** soll die Vorstellungen Kairas veranschaulichen. Gleichzeitig bietet die Erledigung dieses Arbeitsauftrages eine Übungsmöglichkeit zum Gestaltenden Schreiben, zumal auf den Seiten 36-37 des Schülerheftes eine ausführliche Anleitung zum inneren Monolog gegeben wird. **Die Aufgabe 2b** zielt auf die Entwicklung, die Deos Einstellung zu Kaira durchmacht. Die angegebenen Textstellen geben die entsprechenden Informationen, die von den Schülerinnen und Schülern erläutert werden sollen. Die beiden sich ergänzenden Aufgabenstellungen tragen kreativen sowie analytischen Fähigkeiten Rechnung.
Das Missverständnis zwischen Deo und Kaira ist Thema der **Aufgabe 3**. Zur Bearbeitung dieser Thematik dient erstens das Ausfüllen der Gedankenblasen **(3a)**, das die Positionen der beiden Figuren klären soll, zweitens die Erklärung der heftigen Reaktion Kairas **(3b)** und drittens die Formulierung der Schlussfolgerung aus diesem Missverständnis für die Charakterisierung der Beziehung **(3c)**.

Da es nach dem Missverständnis durch die Ereignisse um den Mordanschlag keine Gelegenheit zu einer persönlichen klärenden Aussprache mehr gibt, liegen die letzten Informationen des Romans zu der Beziehung im Bereich von Möglichkeiten, was Gelegenheit gibt, eine Leerstelle ausfüllen zu lassen **(Aufgabe 4)**. Mit der Aufforderung, ein Gespräch zu verfassen, wird eine weitere Übungsmöglichkeit für das Gestaltende Schreiben angeboten. Auch hierzu steht eine ausführliche Anleitung zur Verfügung (Seite 39-41). Diese Aufgabe setzt nicht nur inhaltliche Kenntnisse voraus, sondern auch das Verständnis für die Positionen der beiden Figuren und ist so auch eine Kontrolle für Textwissen und Textverstehen. Das Ergebnis des Dialoges in Bezug auf eine mögliche weitere Beziehung ist die jeweils individuelle Entscheidung des Schülers/der Schülerin. Das trägt zur Differenzierung bei, da das Ergebnis, zu dem die beiden Figuren am Ende des Dialoges kommen, durch Schlussfolgerungen aus dem Verlauf der bisherigen Beziehung und den Einstellungen von Deo und Kaira oder mehr durch die eigenen Hoffnungen geprägt sein kann.

V. Große und kleine Schritte *SH 42-45*

Aufgenommen wird die Aussage des Romantitels im Fünf-Schritte-Plan Deos, mit dem er sich nach seinem Aufenthalt im Erziehungscamp ein neues Leben aufbauen will. Aber auch wenn im Titel des Romans nur von „kleinen schritten" die Rede ist, werden im Handlungsverlauf auch große, zu große Schritte deutlich, die zum Misslingen beitragen und in den Aufgabenstellungen berücksichtigt werden müssen.

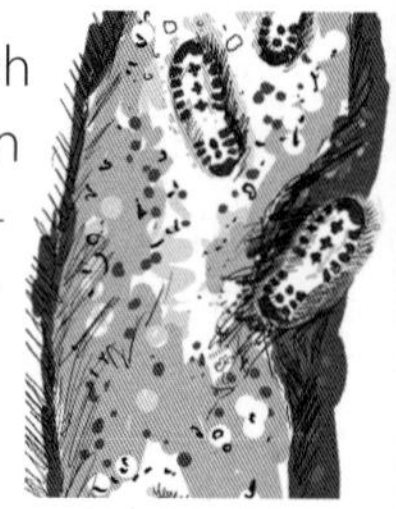

Aufgabe 1a beschäftigt sich mit **Deos Fünf-Schritte-Plan**, den die Schülerinnen und Schüler hinsichtlich seiner Erfolgsaussichten beurteilen sollen. Diese Beurteilung transferiert die Situation der Romanfigur in die Lebensrealität und gibt die Möglichkeit auf der Grundlage eigener Erfahrungen zu individuell unterschiedlichen Ergebnissen zu kommen. Eine Diskussion über die Ansichten der Lerngruppe könnte zur Bereicherung des Unterrichtes beitragen.
Die Anordnung der fünf Schritte in einer nach dem Schwierigkeitsgrad gesteigerten Reihenfolge **(1b)** verfeinert das Ergebnis von 1a.
Aufgabe 2 führt die Beschäftigung mit Plänen und ihren Ausführungen weiter, indem sie einen Arbeitsauftrag stellt, der sich mit Ratschlägen für eine erfolgreiche Durchführung eines aufgestellten Planes auseinandersetzt. Auch hier kann auf eigene Erfahrungen und Beobachtungen zurückgegriffen werden.
Ein zu großer Schritt ist Thema der **Aufgabe 3**. Die Aufgabe verlangt eine Erklärung, warum der Schritt zu groß ist. Deos Vorstellung, keinen Schulabschluss mehr machen und nie wieder arbeiten zu müssen, setzt auf ein Leben mit Kaira und die Vorzüge, die es bietet. Dabei lässt er alle Schwierigkeiten außer Acht, die sich ihm in den Weg stellen könnten. Vor allem geriete er möglicherweise in eine Abhängigkeit, die ihm das Gestalten des eigenen Lebens aus der Hand nähme. Eine Erklärung, die diese Einsichten beinhaltet, wäre ein weiterer Transfer in die Lebenswirklichkeit der Lerngruppe, auf den diese Aufgabenstellung zielt.
Ein anderer zu großer Schritt, der auf der emotionalen Ebene liegt, soll mit der **Aufgabe 4** in den Blick kommen. Dazu dient zunächst die Vervollständigung des Clusters **(4a)**, das Charakteristika der Freundschaft auflistet, die in **4b** mit den Erwartungen Kairas an die Beziehung abgeglichen werden sollen.

Dieser Vergleich und die dadurch erwartete Einsicht, dass Freundschaft und Beziehung nur in langsamen Schritten entstehen und gefestigt werden können, soll verdeutlichen, warum Kairas Schritt zu groß ist. Auch diese Aufgabe steht in Bezug zur Realität. Die notwendige Rückbindung an den Text wird mit **4c** geleistet, die Textbelege für die in 4b formulierte Erklärung verlangt.
Diese Thematik abschließend, zielt **4d** durch Auflistung von Gemeinsamkeiten und Unterschieden in der Freundschaftauffassung von Kaira und den Facebook-Freundschaften einerseits noch einmal auf die Verdeutlichung des zu großen Schrittes, andererseits aber auch auf eine notwendige Kritik am möglichen oberflächlichen Umgang mit Freundschaft im Internet.

VI. Formale Textmerkmale *SH 46-51*

Erzählperspektive *SH 46-47*

Zur besseren Orientierung ist eine Beschreibung der Erzählhaltung mit drei Textbeispielen den Aufgaben vorangestellt.

Daran schließt sich **Aufgabe 1** an mit der Aufforderung, drei weitere Textbeispiele herauszuschreiben und damit nachzuweisen, dass die Merkmale der Erzählperspektive verstanden sind und angewendet werden können. **Aufgabe 2** stellt Informationen zu den verschiedenen Erzählhaltungen zur Verfügung, mit denen die Erzählerfigur bestimmt werden soll. Diese Aufgabe koppelt die Wiederholung von Merkmalen des Erzählens mit ihrer Anwendung auf den vorliegenden Jugendroman.

Erzählstränge *SH 48*

Aufgabe 1 verlangt eine Beschreibung des Handlungsaufbaus mithilfe der vorangestellten Informationen. Hier sollen die Schülerinnen und Schüler nachweisen, dass sie verstanden haben, dass der Roman drei Erzählstränge besitzt, die dem geschilderten Geschehen entsprechen.
In der **Aufgabe 2** geht es um den Zusammenhang von Handlungsaufbau und der Gewichtigkeit der Figuren. So kann erschlossen werden, dass Deo die Hauptperson ist, weil er einerseits den größten Anteil am Romangeschehen hat und andererseits sowohl am Anfang als auch am Ende des Romans im Mittelpunkt steht. Damit wird die Verbindung von Form und Inhalt in einem literarischen Werk verdeutlicht.

Sprache und Stil *SH 49-50*

Der Roman ist in einer einfachen und lebendigen Sprache verfasst, bietet aber dennoch eine Vielzahl von Bearbeitungsmöglichkeiten, die den Schülerinnen und Schülern die Bedeutung der Sprache für ein literarisches Werk nahebringen können.
Da im Roman mehrere Sprachstufen vertreten sind, wird in der **Aufgabe 1** zunächst eine Tabelle zur Verfügung gestellt, die einen Überblick über diese Sprachstufen bietet. Mithilfe der in der Tabelle enthaltenen Informationen und der angegebenen Seitenzahlen sollen Sprachstufen des Romans erkannt und mit Beispielen belegt werden. Ein Unterrichtsgespräch über die eigenen Ausdrucksweisen könnte den Transfer in die Lebensrealität leisten.
Aufgabe 2 lässt durch die Bestimmung von Satzbauplänen die Einfachheit der Sprache begründen. Eine für unsere Alltagskommunikation wichtige Thematik ist der Unterschied zwischen der gesprochenen und der geschriebenen Sprache.
In der **Aufgabe 3** werden die grammatikalisch unvollständigen Sätze in der wörtlichen Rede in den Blick genommen, die für das Verständnis in der mündlichen Kommunikation durchaus ausreichend sind, die vom Zusammenspiel von Rede und Antwort, von Worten, Mimik und Gestik lebt. Durch die geforderte Erklärung, warum diese Satzfragmente ausreichen, wird dieses Phänomen reflektiert. Im besten Fall findet ein Transfer in Alltagssituationen statt.
Aufgabe 4 nimmt das Stottern, eine Störung des Redeflusses, in den Blick, das zweifach im Roman vorkommt. Ginnys Stottern ist bedingt durch ihre Zerebralparese und wird verstärkt in Situationen, die das Mädchen emotional belasten. Dieses Phänomen soll in **4a** mithilfe des Textwissens erklärt werden.
4b greift das Stottern in einem der Lieder Kairas auf und verlangt die Erläuterung des Zusammenhanges mit Ginnys Störung. In Kairas Lied wird das Stottern als Darstellungsmittel für emotionalen Stress eingesetzt. In der Emotionalität der Situation besteht der Zusammenhang mit dem durch die Behinderung verursachten Stottern. Auf diese geschickt dargestellte Gemeinsamkeit des Sprechens von Menschen mit und ohne Behinderung soll diese Aufgabe aufmerksam machen.

Symbolik *SH 51*

Ein wichtiges formales Merkmal des Romans ist die Symbolik, die eine starke emotionale Bedeutung hat. Diese Bedeutung soll in der **Aufgabe 5a** an Kairas Bärenkissen erläutert werden. Da das Kissen für die Erinnerung an Kairas Vater steht, die das Mädchen immer bei sich haben will, wird es zum Symbol dieser Erinnerung und damit zum Symbol der Beziehung von Tochter und Vater, der Sehnsucht nach der verlorenen Geborgenheit. Es unterstreicht zudem die Einsamkeit der gegenwärtigen Situation der Sängerin. Für die Lerngruppe besteht hier eine Möglichkeit der Identifizierung.
Die Symbolik der Stofftiere Ginnys behandelt die **Aufgabe 5b**. Die Last der Behinderung, die Ginny empfindet und ihre Tapferkeit, mit der Situation fertig zu werden, kommen in den Tieren zum Ausdruck, die alle eine Behinderung haben, aber alle auch eine besondere Fähigkeit. Darin entsprechen sie Ginny in doppelter Weise: Es sind Mitbetroffene, was die Behinderung betrifft, und Vorbilder, was den Ausgleich

für die körperlichen Gebrechen betrifft. **Aufgabe 5c** stellt das Stofftier Coo besonders heraus als Lieblingstier. Es ist stark, mutig und ohne Angst und verkörpert so ein Wunschbild für Ginny, ist gleichzeitig Beschützer und Tröster. Die Beschäftigung mit diesen Symbolen lotet emotionale Tiefenschichten aus, ohne sie zu analysieren, und bietet die Möglichkeit über Bilder und Vorstellungen Aussagen zu erfassen. Das bedeutet Differenzierung, die der Text selbst zur Verfügung stellt, und auf die durch die Aufgabenstellungen aufmerksam gemacht werden soll.
Aufgabe 5d wählt dementsprechend einen produktions- und handlungsorientierten Arbeitsauftrag. Die Aufforderung, ein Stofftier für Deo oder Kaira zu wählen, ist die Aufforderung zur Identifikation und zur Auseinandersetzung mit den Figuren, ihren Gedanken und Gefühlen, ihrer Lebenssituation, um eine richtige Wahl treffen zu können. Einen entsprechenden Transfer in die Lebensrealität leistet die **Aufgabe 2**.

VII. Interpretation *SH 52-55*

Von Interpretation im strengen Sinne kann hier nicht die Rede sein. Ansätze eines interpretierenden Umgangs zeigen sich in Rezensionen. Daher bietet es sich an, die Schülerinnen und Schüler mit Informationen aus solchen Texten arbeiten zu lassen.
Die **Aufgabe 1b**, jeweils einen Grund zu finden, der die Aussage unterstützt, erfordert eine gedankliche Auseinandersetzung mit dem Roman. Die Aufstellung einer individuellen Reihenfolge **(1c)** der Deutungsvorschläge dient der Vertiefung. Die abschließende Arbeitsanweisung **(1d)**, selbst eine Interpretation zu formulieren, gibt die Möglichkeit einer Auswahl und – als freiwillige Differenzierung gedacht – die Chance zu einer eigenen, über die vorliegenden Vorschläge hinausgehenden und/oder ihnen widersprechenden Auslegung.
Aufgabe 2 greift die Kleinschreibung der beiden Wörter im Titel auf und verlangt eine Erklärung, warum hier die Regeln der Rechtschreibung nicht beachtet worden sind. Es gehört zur Interpretation, die Aussage des Titels mit einzubeziehen, was in diesem Fall besonders wichtig erscheint, da die Schreibweise einer Hauptthematik des Romans entspricht.
Aufgabe 3 beschäftigt sich mit dem offenen Ende des Textes in Bezug auf die weitere Beziehung der Hauptfiguren. Erfahrungsgemäß sympathisieren Schülerinnen und Schüler eher mit einem klaren Ende als mit einer Situation, die dem Leser die Lösung überlässt. Daher werden die Hinweise, die von den Liedzeilen gegeben werden, zu einem Weiterdenken anregen. Hier bietet sich eine Diskussion im Unterricht an, in der die individuellen Vorstellungen abgeglichen werden können.
Aufgabe 4
individuelle Lösungen

VIII. Kritik *SH 56*

Anschließend an die Beschäftigung mit Interpretationsansätzen erscheint es folgerichtig, die eigene Meinung der Schülerinnen und Schüler über den Roman „kleine schritte" zu berücksichtigen. Dies geschieht in drei Schritten. **Teil a** der Aufgabe hat vorbereitenden Charakter, indem er mit der Reaktion einer Jugendlichen auf den Roman bekannt macht. Diese Reaktion soll in **Teil b** kommentiert werden in einem Brief an die Jugendliche, wozu ein Bewusstmachen der eigenen Meinung notwendig wird. Diese Aufgabenstellung dient der Zusammenstellung einzelner Punkte, die zu einer eigenen Meinungsdarstellung führen. **Teil c** verlangt dann aufbauend auf dem Ergebnis der vorhergehenden Aufgabe die Produktion eines zusammenhängenden eigenen Kommentars.

IX. Aufgabenwerkstatt *SH 57-63*

Dieser Teil des Schülerarbeitsheftes schließt sich den Themenbereichen an, die als Pflichtthemen bezeichnet werden können, wobei sich die Ausführlichkeit der Behandlung nach den Lerngruppen richtet. Demgegenüber ist die Aufgabenwerkstatt als Wahlbereich zu betrachten, von dem aber Gebrauch gemacht werden sollte, denn er erfüllt drei Funktionen:

1) Handlungs- und produktionsorientierte Aufgaben haben seit Jahren ihren Platz im Deutschunterricht gefunden und – richtig eingesetzt – zu besseren Lernergebnissen geführt. Vor allem in der Literaturrezeption bieten sie mit ihren vielfältigen Zugängen zu Texten nicht zu unterschätzende Möglichkeiten. Für die Schülerinnen und Schüler liegt hier die Chance, ihren indivi-

duellen Fähigkeiten entsprechend Aufgaben bearbeiten und ihre Rezeption des Romans vertiefen zu können. Erfahrungsgemäß tragen Aufgaben aus dem handlungs- und produktionsorientierten Unterricht zur Schülermotivierung und -aktivierung bei. Daher ist es nur folgerichtig, auch bei der Behandlung des Jugendromans „kleine schritte" Aufgaben aus diesem Bereich mit einzubeziehen.

2) Für die Lehrpersonen bietet die Aufgabenwerkstatt die Möglichkeit, ihrem Unterricht eine individuelle Prägung, einen selbst gewählten Schwerpunkt zu geben, nicht nur im Hinblick auf die zu behandelnden Inhalte, sondern auch in Bezug auf die Gestaltung der Stunden.

3) Der kompetenzorientierte Kernlehrplan weist – neben den Informationen über die obligatorischen Inhalte, Fertigkeiten und Fähigkeiten – auch auf die Selbstständigkeit und Entscheidungsfähigkeit der Schülerinnen und Schüler hin, zu denen die Schule ihren Beitrag zu leisten habe. Durch das Angebot der Aufgabenwerkstatt, sich aus jedem Bereich eine Aufgabe zu wählen oder zu erwürfeln, ist die Möglichkeit gegeben, eine individuelle inhaltliche Wahl zu treffen, aber auch eine Entscheidung über die Vorgehensweise. Das sind Trainingssituationen für die oben genannten Kompetenzen.

Glossar *SH 64*

In diesem Glossar können Begriffe und Fremdwörter aus dem Roman nachgeschlagen werden. Es ist alphabetisch angeordnet.

Dieser Heftteil enthält das Schülerheft ergänzende Themen und dazugehörende Materialien als Kopiervorlagen. Zunächst werden diese auf den folgenden Seiten vorgestellt.
Die Materialien sind mit **M** und ihrer Seitenangabe gekennzeichnet, z. B. ***M 34***.
Die Materialien folgen in Form von Kopiervorlagen auf den Seiten 21-39.

Wochenplan zur Lektüre – Erarbeitung und Sicherung des Inhalts ***M 21***

Die Erarbeitung des Inhalts kann auch mithilfe eines Wochenplans erfolgen. Diese Vorgehensweise, die ein hohes Maß an Eigenverantwortung von Seiten der Schüler erfordert, bietet die Freiheit, sich die zu erledigenden Aufgaben individuell einteilen zu können und entlastet die Unterrichtszeit. Die Entscheidung, welche Lerngruppe mit diesem Wochenplan umgehen kann, liegt bei dem jeweiligen Fachlehrer/der jeweiligen Fachlehrerin. Eine Möglichkeit, die Ergebnisse der Wochenplanarbeit zu sichern, findet sich bei den Lösungen zum Schülerheft unter Punkt Inhalt, Seite 51ff.

Advance Organizer[1] – Organisation der Unterrichtseinheit ***M 22***

Der Advance Organizer leistet einen Beitrag zur Transparenz des Einstiegs in eine Thematik/Unterrichtseinheit. Er stellt die einzelnen Themenbereiche vor und garantiert so ein sachlich korrektes Vorverständnis. Er verfolgt folgende Ziele:

1) Ermöglichung von Verknüpfung von vorhandenem und neuem Wissen
2) Anbahnung von Verstehen
3) Mitwirken der Schüler (Reihenfolge bestimmen, Veränderungen vorschlagen, Schüler bei Erstellung einbeziehen)

Zur Sicherstellung der ständigen Orientierungsmöglichkeit und Verdeutlichung, in welcher Beziehung die Teilthemen zum Gesamtthema stehen, sollte er jedem Schüler/jeder Schülerin zur Verfügung gestellt werden. Der vorliegende Advance Organizer zum Roman kann in der angegebenen Reihenfolge, die der des Schülerarbeitsheftes entspricht, oder in einer anderen, mit den Schülern neu festgelegten Reihenfolge, bearbeitet werden. Es besteht auch die Möglichkeit, dass neue Themenpunkte hinzugefügt werden, die sich aus Diskussionen ergeben könnten.

Der Autor Louis Sachar: Biografie und Werk ***M 24-25***

a. Lerntempoduett ***M 23***

Die beiden Arbeitsblätter, die auch die Erklärung der Vorgehensweise enthalten, befinden sich auf der Seite 23. Es ist hilfreich, für die Kopien der Arbeitsblätter zwei unterschiedliche Farben zu benutzen. So können die Schüler sofort erkennen, wer als Arbeitspartner/Arbeitspartnerin in Frage kommt.

b. Internetrecherche ***M 26***

Lerngruppen, die selbstständiges Arbeiten gewöhnt sind, können sich die Informationen mithilfe der angegebenen Internetadressen beschaffen und durch die gestellten Aufgaben weiter verarbeiten.
Durch die Angabe brauchbarer Internetadressen wird ein zeitraubendes Suchen vermieden.
Die Bearbeitung dieser Aufgabenstellung ist auch als Hausaufgabe möglich.

c. Lückentext ***M 27***

Dieser umfasst Leben und Werk des Autors. Nach den Vorarbeiten und der Recherche ist er zu leisten.

Der Kampf gegen den Rassismus (Textarbeit) ***M 28-31***

Die **Aufgaben 1-4** gehören mit ihren unterschiedlichen Formen (Ankreuzaufgaben, Zuordnung und Vervollständigung von Teilsätzen, Finden von Textstellen zu anders formulierten Wiedergaben) zu den Standardaufgaben der Informationsentnahme aus Texten und sind auch von schwächeren Schülerinnen und Schülern zu leisten.
Aufgabe 5 baut auf den Ergebnissen von 1-3 auf. **5a** stellt zudem den Bezug von Textinformationen zur Lebensrealität des Protagonisten Deo her durch die Aufforderung zu entscheiden, ob der Traum des Martin Luther King in

1 Ausführliche Informationen siehe: Diethelm Wahl, Lernumgebungen erfolgreich gestalten – Vom trägen Wissen zum kompetenten Handeln, Bad Heilbrunn Verlag Julius Klinkhardt 2006, Kap. 5, 3, S. 139 ff.

Erfüllung gegangen sei, und die Entscheidung zu begründen. **5b** bezieht sich auf eine der handelnden Figuren, die sich im Kampf gegen den Rassismus engagiert. Das bedeutet einen Transfer der Informationen über die Kämpfer für die Gleichberechtigung von schwarzer und weißer Bevölkerung auf eine Romanfigur.
Falls es die Zeitökonomie zulässt und es zu den Zielen des Unterrichtes passt, kann die Lerngruppe mittels eines Placemat die Aussagen des Bundespräsidenten Wulff über die Vielfalt der Kulturen in der BRD diskutieren. Damit wäre ein weiterer Transfer geleistet: der Transfer nach Europa und seinen eigenen Problemen mit rassistischen Vorurteilen und Verhaltensweisen.

Methode Placement – ein gemeinsames Ergebnis finden:

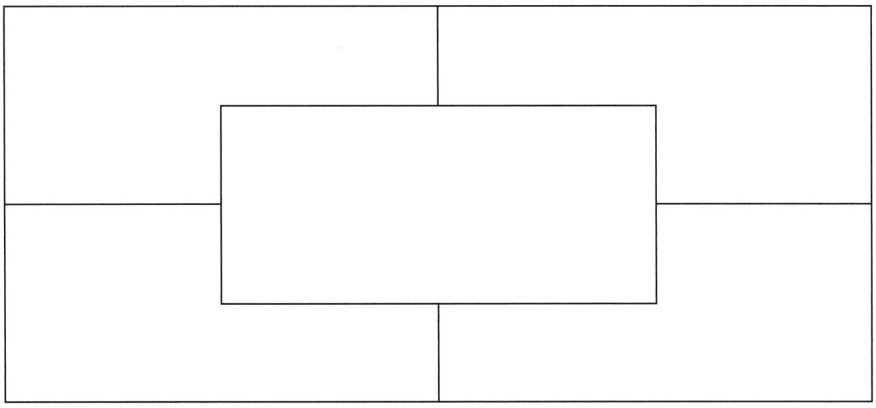

- Die Schülerinnen und Schüler setzen sich in Gruppen – vorzugsweise Vierergruppen – zusammen.
- Jede Gruppe erhält einen großen Bogen Papier (DIN A3 oder größer) und zeichnet sich ein ‚Placemat'.
- Jeder Schüler hat im Außenbereich des Blattes ein eigenes Feld.
- In diesem Feld notiert jedes Gruppenmitglied seine eigenen Gedanken zur Aufgabenstellung.
- Nach dieser Einzelarbeit tauschen die Schülerinnen und Schüler in einer zweiten Phase in der Gruppe ihre individuellen Antworten bzw. Ideen aus, indem das Blatt gedreht wird, sodass alle Gruppenmitglieder alle Notizen zur Kenntnis nehmen können.
- In einer dritten Phase diskutieren die Gruppenmitglieder die Notizen und einigen sich auf Antworten und Ergebnisse, die sie als gemeinsames Ergebnis in das mittlere Feld eintragen. Dabei sollen sie sich auf eine ungerade Anzahl an Erkenntnissen einigen.
- Zum Schluss präsentiert jede der Arbeitsgruppen ihre Ergebnisse vor der Klasse.

Ginnys Behinderung (Vervollständigung eines Dialoges) ***M 32-33***

Gerade in einer Zeit, in der Integration und Inklusion zu den Schlüsselwörtern der Bildung gehören, bietet es sich an, die Behinderung, die durch die Figur Ginny im Roman angesprochen ist, genauer in den Blick zu nehmen. Dazu dient ein kurzer Informationstext, der zur Erledigung des Arbeitsauftrages mit den Informationen des Buches abgeglichen werden muss. So werden medizinische Informationen durch die handelnden Figuren und Situationen veranschaulicht.
Die Aufgabe, einen Dialog zu vervollständigen, vereinfacht einerseits die Erarbeitung, da die Äußerungen Kairas so formuliert sind, dass sie meist schon auf die Antwortmöglichkeiten deutlich hinweisen, und andererseits stellt sie den Umgang mit Sachinformationen in einen vom Romangeschehen getragenen situativen Zusammenhang, bedeutet Ausfüllen einer Leerstelle.

Problemfragen (Trade-a-Problem) ***M 34***

Ziel dieser Methode ist die gemeinsame Problemlösung unter Beteiligung möglichst vieler Schüler. Der Ablauf gliedert sich in folgende Schritte:

1) Jede Gruppe formuliert (oder erhält) eine Problemfrage zum Themenbereich und schreibt sie auf das Arbeitsblatt (Vorlage S. 34). Eine Problemfrage kann auch zwei Gruppen zugewiesen werden.
2) Dieses Arbeitsblatt wird im Uhrzeigersinn zur nächsten Gruppe weitergegeben, die Lösungsversuche darauf schreibt.

3) Es wird gewechselt, bis das Arbeitsblatt wieder in seiner Ursprungsgruppe ist.
4) Die Gruppe diskutiert die notierten Lösungsversuche und erarbeitet eine Gesamtlösung.
5) Die endgültigen Lösungen werden im Plenum diskutiert. Eine mögliche abschließende Diskussion über die Gesamtproblematik wäre auf diese Weise detailliert vorbereitet.

Vorschläge für Problemfragen zur vorliegenden Thematik:

- Ist Deos Aufenthalt im Erziehungscamp Green Lake eine gerechte Maßnahme?
- Was ist besser für die Entwicklung von Kindern: Kontrolle oder Vertrauen?
- Ist es richtig von Ginnys Mutter, ihrer Tochter zu sagen, warum der Vater die Familie verlassen hat?

Gesamtwiederholung *M 35-39*

I. Inhalt

a. Lückentext (mit und ohne Wörterkasten) *M 35-36*

Der Lückentext kann mit oder die Lückenwörter ausgegeben werden.

b. Multi-Interview *M 37-38*

Ziel dieser Methode ist das Sichtbarmachen/Testen des eigenen Wissens. Jeder Schüler/jede Schülerin erhält ein Kärtchen/einen Zettel mit einer von der Lehrperson vorgegebenen Frage zum Inhalt des Romans. Für die Beantwortung sollte genügend Platz zur Verfügung stehen. Nach der Bearbeitungsphase werden die Ergebnisse in der angegebenen Reihenfolge der Fragen im Plenum vorgetragen und gegebenenfalls korrigiert.
Es hat sich als vorteilhaft erwiesen, den Schülern anschließend die komplette Übersicht mit allen Fragen und Antworten für die Weiterarbeit zur Verfügung zu stellen.
Diese Methode ist auch als Gruppenarbeit oder mit alternierenden Paarbildungen möglich, wobei die Fragen anders verteilt werden müssen.

II. Themenbereiche

a. Struktur-Lege-Technik *M 39*

Auch diese Methode setzt auf Sichtbarmachen/Testen des eigenen Wissens.
Es werden Kärtchen mit Begriffen, die Themenbereiche des Romans betreffen und von der Lehrperson vorbereitet worden sind, als Grundbestandteil eines semantischen Netzwerkes auf die Tische gelegt (Partner- oder Gruppenarbeit).
Die Arbeit beginnt mit einer Sortieraufgabe: Die Kärtchen werden geordnet nach Erklärungen/Beschreibungen, die sofort gegeben werden können, und solchen, für die man sich die Informationen aus seinen Unterlagen heraussuchen muss.
Anschließend werden die Kärtchen in eine Struktur gebracht, die die Themen des Romans transparent macht. Dabei kann jedes Paar/jede Gruppe eine eigene Hierarchie in der Anordnung erarbeiten, d. h. eine Reihenfolge und Zusammenstellung der Begriffe, die der jeweiligen Bedeutungszumessung Rechnung trägt.
Zur Verdeutlichung können Erklärungen hinzugeschrieben und Pfeile angebracht werden.
Die Kärtchen werden in der erarbeiteten Struktur auf ein Plakat geklebt, anschließend im Plenum erläutert. Eine abschließende Diskussion bietet sich an, vor allem wenn aus den unterschiedlichen Strukturen eine Vielfalt von Ansichten zu erkennen ist. Vorlagen für die Kärtchen, zu denen auch die Lösungen des Kreuzworträtsels gehören, befinden sich auf der Seite 39. Diese Vorschläge für die Begriffskärtchen sind eine Grundlage für die individuelle Auswahl durch die Lehrperson. Es empfiehlt sich, nicht mehr als 15 Kärtchen zu nutzen, da sich sonst eine für die Lerngruppe zu komplizierte Struktur ergeben könnte.

b. Jeopardy

Mit dieser Methode wird die Verantwortung für die Bearbeitungsschwerpunkte in die Hände der Schüler gegeben. In Gruppenarbeit formulieren sie selbst Fragen und Antworten zum Text, schreiben sie auf verschiedenfarbige Kärtchen und tauschen sie mit einer anderen Gruppe aus. Es geht dann darum, den Antworten bzw. Aussagen die richtigen Fragen zuzuordnen. Eine andere Spielform mit den hergestellten Kärtchen ist das Memory.

c. Zielfindungsmethode

Die Nutzung dieser Methode stellt hohe Anforderungen an die Lerngruppe. Die Aufgabe wird in Gruppenarbeit angeboten.

Zunächst sollen die Schüler in Einzelarbeit acht persönliche Aussagen zum Text einzeln auf acht Zettel schreiben und sich anschließend die drei wichtigsten heraussuchen.

Die restlichen fünf Aussagen werden an den Nachbarn weitergegeben (Uhrzeigersinn). Jeder Schüler hat dann wieder acht Aussagen.

Er sucht wieder drei aus und gibt fünf weiter.

Die Gruppe muss einmal komplett durch sein.

Zum Schluss hat jeder Schüler drei Aussagen.

Nach einer Gruppendiskussion werden drei Aussagen gewählt, die im Plenum vorgestellt und begründet werden. An die Präsentation kann sich ein Gespräch im Plenum anschließen.

Training: Gestaltendes Schreiben ***M 40-44***

Da die Erfahrung gezeigt hat, dass die Schülerinnen und Schüler einerseits mit Formen wie innerer Monolog, Tagebuch oder Brief gut zurechtkommen, was die kreative Ausrichtung angeht, andererseits aber oft Mühe haben, ihre Texte mit ausreichenden Inhalten zu füllen, werden hier Möglichkeiten angeboten, die notwendigen auf den Informationen des jeweiligen Werkes beruhenden Inhalte bereitzustellen.

M 40-41 stellt eine Variante zur Aufgabe im Schülerheft, S. 36-37 vor: Statt eines inneren Monologs wird nun eine erlebte Rede gefordert. M 42-44 stellen einen Tagebucheintrag Kairas und einen persönlichen Brief Deos vor.

Die Aufgabenstellungen umfassen eine dreiteilige Hinführung zum Verfassen einer Form des gestaltenden Schreibens, bestehend aus:

- einem Vortext, der die zu bearbeitende Situation in einen größeren Handlungszusammenhang stellt,
- eine (oder mehrere) Textstelle(n), die den Ausgangspunkt für die Schreibaufgabe angibt,
- eine Formulierung des Arbeitsauftrages mit Hinweisen auf die notwendigen Inhalte und die formalen Vorgaben.

Zu allen drei Teilen sind Fragen formuliert, deren Beantwortung auf die Inhalte zielt, die im Schülertext erwartet werden. Diese Inhalte beziehen sich nicht ausschließlich auf die Informationen, die in den drei Teilen der Aufgabenstellung enthalten sind, sondern auf alle für den Arbeitsauftrag relevanten Inhalte der literarischen Vorlage.

➲ Aufgaben aus der Theaterpädagogik

Aufgaben aus der Theaterpädagogik haben sich im Bereich des handlungs- und produktionsorientierten Unterrichtes etabliert. Sie schöpfen aus dem Reservoir des Theaters, das in seinen Kreativ-Möglichkeiten Texte zu interpretieren, den Deutschunterricht bereichern kann.

Das Spektrum der vermittelten Kompetenzen ist groß:

- Persönlichkeitsbildende Kompetenzen (Ich-Kompetenz: Selbstbewusstsein, Engagement, Identifikation)
- Soziale und kommunikative Kompetenz (Empathie, Kommunikation, Kooperation, Verantwortung, Teamfähigkeit)
- Sach- und Methodenkompetenz (z. B. Analysefähigkeit)
- Ästhetische Kompetenzen (z. B. Rezeptionskompetenz, Entwicklung des sprachlichen Ausdrucks)

So kann man an den drei hier angebotenen Aufgabenstellungen unschwer erkennen, dass die Lernsituation zahlreiche und unterschiedliche Aspekte umfasst:

- Umgang mit Texten, Textverständnis (Situationen aus dem Roman)
- Sprechhaltung und sprachlicher Ausdruck (Spiel)
- Feedback-Verhalten (Beobachtung/anschließende Reflexion)
- Improvisation (Ausfüllen von Leerstellen/Umsetzen in andere Gattung)
- Konzentration (auf Textvorlage, Umsetzung im Spiel, Reaktion auf Partner)
- Bewusster Einsatz von Körpersprache, Gestik, Mimik und Proxemik
- Zusammenspiel als Paar/Gruppe

a. Hilfs-Ich

Aufgabe (Partnerarbeit):

Eine/Einer von euch übernimmt die Rolle des Deo, der sich überlegt, wie er sich hinsichtlich der Einladung von Kaira entscheiden soll. (Die Entscheidung Deos muss sich nicht an das Ergebnis im Roman halten.) Sie/er versucht, sich alle Punkte vor Augen zu halten, die für ein Annehmen der Einladung sprechen. Sie/er spricht ihre/seine Gedanken laut aus. Die/Der andere übernimmt die Rolle des sogenannten Hilfs-Ich, das Deo darin unterstützt, eine richtige Entscheidung zu treffen, und widerspricht, indem es alle Punkte nennt, die gegen die Einladung sprechen. Immer wenn es zu Deo spricht, legt es ihm die Hand auf die Schulter. Das Spiel ist zu Ende, wenn Deo eine Entscheidung getroffen hat.

Eine Vorbereitungszeit sollte eingeplant werden, in der die Schüler sich in Gruppenarbeit auf das Spiel vorbereiten, ihre Argumente mithilfe des Buches zusammenstellen und die Spieler bestimmen.

Nach der Präsentation des Spieles (möglichst alle Gruppenergebnisse) sollte unbedingt eine Nachbesprechung erfolgen, in der vor allem die für die Entscheidung relevanten Punkte herausgearbeitet werden, seien es die Argumente, die Verhaltensweisen oder die Stärke im Spiel. Diese Reflexion trägt dazu bei, dass sprachliche und sprecherische Mittel in den Blick gerückt werden, deren Wirkungsweise in der Realität täglich erfahrbar und durch Transparenz beeinflussbar ist. Außerdem bietet sie die Möglichkeit, darüber zu diskutieren, wie ein anderes Verhalten Deos als das im Buch beschriebene sich auf die weitere Handlung auswirken könnte.

b. Statue

Eine Statue macht Abstraktionen, generelle Haltungen, Themen sichtbar. Sie zeigt als „Skulptur/Denkmal" den Grundgestus und keine bestimmte Perspektive.

Zu dem vorliegenden Roman bieten sich für die Statue die Themen an, die im Kreuzworträtsel und in den Struktur-Legekärtchen genannt sind. Eine gute Vorgehensweise ist es, wenn die Lerngruppe in Gruppenarbeit selbst ein Thema für ihre Statue findet, die entsprechende Statue „baut" und die übrige Klasse erraten lässt, um welche Thematik es sich handelt.

Auch hier ist eine nachbereitende Diskussion anzuraten.

c. Lesetheater

Die Methode stammt aus dem Umkreis der Lautlese-Verfahren, die das wiederholte Lesen in einen kreativen Kontext einbettet. Dabei werden literarische Texte/Buchausschnitte in einfache Leseskripts umgewandelt, in denen die Rede der Figuren und des Erzählers in direkter Rede wiedergegeben werden.

Zielsetzung ist, die Schüler einer Gruppe durch das wiederholte Lautlesen und den Austausch über mögliche Verbesserungen des Vortrags für eine abschließende Leseaufführung vorzubereiten. Passende Textstellen können von der Lehrperson, den Schülern oder gemeinsam ausgesucht werden.

Für die Umwandlung des Buchtextes in ein Lesetheater-Skript sind folgende Punkte zu beachten:

- Text einteilen in Passagen, die der Erzähler spricht, und Passagen, die im Roman den Figuren zugeordnet sind
- Redebegleitsätze streichen
- Inhalte der Redebegleitsätze, die Aussagen über die Sprechweise und die Gefühle der sprechenden Figuren machen, in Regieanweisungen umformulieren
- Möglich: Einsatz passender Geräusche oder Hintergrundmusik

Beispiel: Buch S. 100-102

(Diese Stelle eignet sich gut für das Lesetheater. Geräusche eines fahrenden Autos und der zuschlagenden Autotür könnten die Präsentation noch lebendiger machen.)

Erzähler	Um sieben Uhr war X-Ray immer noch nicht da. Deo und Ginny warteten zusammen mit Ginnys Mutter auf der Veranda vor dem Haus.
Ginnys Mutter *(in ermahnendem Ton)*	Du hörst auf Theodore und tust alles, was er sagt.
Ginny *(die Mutter beruhigend)*	Das mach ich.

WOCHENPLAN ZUR LEKTÜRE – ERARBEITUNG UND SICHERUNG DES INHALTS *M 21*

Du hast für die Lektüre des Romans „kleine schritte" und die Bearbeitung der Aufgaben zum Inhalt (SH S. 3-17) eine Woche Zeit. Dir stehen vier Unterrichtsstunden und die Hausaufgabenzeit zur Verfügung. Sieh dir zuerst die Aufgaben und die Seitenanzahl der Kapitel genau an und schätze ab, wie lange du jeweils zur Erledigung benötigen wirst. Berücksichtige auch, welche Aufgaben sich gut zur Partnerarbeit eignen und welche du lieber allein bearbeiten möchtest. Notiere dir dann in die zweite Spalte deinen Arbeitsplan, indem du ein U einträgst, wenn das Kapitel im Unterricht erschlossen werden soll, und ein H für die Erledigung zu Hause.
Wenn du eine Aufgabe erledigt hast, male die Schaufel aus in der Farbe, die deiner Meinung nach zu dem Kapitel/den Kapiteln passt. Du kannst auch bewerten, wie dir die Aufgabe gefallen hat. Schreibe dazu jeweils eine Zahl neben das Auto. Richte dich bei deiner Bewertung nach der Notenskala von 1 bis 5.

AUFGABE	ZEITPLAN	ERLEDIGT ✔
1. Lies Kapitel 1 (S. 7-11) und erledige anschließend die dazugehörigen Aufgaben im Schülerheft S. 3.		
2. Lies Kapitel 2 (S. 12-24) und erledige anschließend die dazugehörigen Aufgaben im Schülerheft S. 4.		
3. Lies die Kapitel 3-4 (S. 25-39) und erledige anschließend die dazugehörigen Aufgaben im Schülerheft S. 5.		
4. Kapitel 5-7 (S. 40-58) und erledige anschließend die dazugehörigen Aufgaben im Schülerheft S. 5		
5. Lies die Kapitel 8-9 (S. 59-72) und erledige anschließend die dazugehörigen Aufgaben im Schülerheft S. 6.		
6. Lies Kapitel 10 (S. 73-79) und erledige anschließend die dazugehörigen Aufgaben im Schülerheft S. 6-7.		
7. Lies die Kapitel 11-14 (S. 80-102) und erledige anschließend die dazugehörigen Aufgaben im Schülerheft S. 7.		
8. Lies Kapitel 15 (S. 103-144) und erledige anschließend die dazugehörigen Aufgaben im Schülerheft S. 7-8.		
9. Lies Kapitel 16 (S. 115-130) und erledige anschließend die dazugehörigen Aufgaben im Schülerheft S. 8-9.		
10. Lies die Kapitel 17-18 (S. 131-144) und erledige anschließend die dazugehörigen Aufgaben im Schülerheft S. 9.		
11. Lies Kapitel 19 (S. 145-156) und erledige anschließend die dazugehörigen Aufgaben im Schülerheft S. 9-10.		
12. Lies die Kapitel 20-22 (S. 157-174) und erledige anschließend die dazugehörigen Aufgaben im Schülerheft S. 10-11.		
13. Lies Kapitel 23 (S. 175-187) und erledige anschließend die dazugehörigen Aufgaben im Schülerheft S. 11-12.		
14. Lies die Kapitel 24-25 (S. 188-197) und erledige anschließend die dazugehörigen Aufgaben im Schülerheft S. 12-13.		
15. Lies die Kapitel 26-28 (S. 198-212) und erledige anschließend die dazugehörigen Aufgaben im Schülerheft S. 13.		
16. Lies die Kapitel 29-32 (S. 213-234) und erledige anschließend die dazugehörigen Aufgaben im Schülerheft S. 14-15.		
17. Lies die Kapitel 33-34 (S. 235-247) und erledige anschließend die dazugehörigen Aufgaben im Schülerheft S. 15-16.		
18. Lies die Kapitel 35-36 (S. 248-255) und erledige anschließend die dazugehörigen Aufgaben im Schülerheft S. 16-17.		

kleine schritte louis sachar

STATIONEN EINER ENTWICKLUNG

FIGUREN-CHARAKTERISIERUNG

LEBENSRÄUME

GROSSE und kleine Schritte

BEGEGNUNGEN

ERZÄHLPERSPEKTIVE

SPRACHE – STIL

INTERPRETATION

KRITIK

AUFGABENWERKSTATT

ARBEITSANWEISUNG ZUM LERNTEMPODUETT *M 23*

ARBEITSBLATT A

I. EINZELARBEIT

1) Lies den Text „Louis Sachar – Biografie".
2) Fertige einen Stichwortzettel oder ein Schaubild an mit den Informationen, die du benötigst, um die Inhalte des Textes zu vermitteln.
3) Sobald du mit der Aufgabe fertig bist, suche dir einen Partner/eine Partnerin, die den anderen Text („Louis Sachar – Werk") bearbeitet hat.

II. PARTNERARBEIT

1) Erkläre deinem Partner/deiner Partnerin den Inhalt deines Textes anhand deines Stichwortzettels/deines Schaubildes.

III. EINZELARBEIT

1) Lies den Text deines Partners/deiner Partnerin, ohne einen Stichwortzettel/ein Schaubild zu erstellen.
2) Suche dir anschließend einen anderen Partner/eine andere Partnerin und bearbeite IV.

IV. PARTNERARBEIT

Bearbeitet gemeinsam (ohne die Texte) folgende Aufgabe:
Schreibt einen Beitrag für die Schülerzeitung, in dem ihr eure Mitschüler und Mitschülerinnen über Leben und Werk des Autors Louis Sachar informiert.

ARBEITSBLATT B
ARBEITSANWEISUNG ZUM LERNTEMPODUETT

I. EINZELARBEIT

1) Lies den Text „Louis Sachar – Werk".
2) Fertige einen Stichwortzettel oder ein Schaubild an mit den Informationen, die du benötigst, um die Inhalte des Textes zu vermitteln.
3) Sobald du mit der Aufgabe fertig bist, suche dir einen Partner/eine Partnerin, die den anderen Text („Louis Sachar – Biografie") bearbeitet hat.

II. PARTNERARBEIT

1) Erkläre deinem Partner/deiner Partnerin den Inhalt deines Textes anhand deines Stichwortzettels/deines Schaubildes.

III. EINZELARBEIT

1) Lies den Text deines Partners/deiner Partnerin, ohne einen Stichwortzettel/ein Schaubild zu erstellen.
2) Suche dir anschließend einen anderen Partner/eine andere Partnerin und bearbeite IV.

IV. PARTNERARBEIT

Bearbeitet gemeinsam (ohne die Texte) folgende Aufgaben
Schreibt einen Beitrag für die Schülerzeitung, in dem ihr eure Mitschüler und Mitschülerinnen über Leben und Werk des Autors Louis Sachar informiert.

LOUIS SACHAR – BIOGRAFIE

M 24

Louis Sachar, 28 October 2006
Quelle: http://flickr.com/photos/mattwright/283341191/
Autor: Matthew C. Wright

Louis Sachar, geboren am 20.03.1954 in East Meadow im Staat New York, ist ein auch in Deutschland bekannter US-amerikanischer Kinder- und Jugendbuchbuchautor. Als er neun Jahre alt war, zog die Familie nach Tustin, einem ländlichen Gebiet in Kalifornien.

Zunächst war Louis wenig am Lesen interessiert. Erst als er die High-School beendet hatte, wuchs seine Begeisterung für Bücher. Er war ein guter Schüler. Nach erfolgreicher Schullaufbahn studierte er Wirtschaftswissenschaften an der Hochschule Antioch in Ohio. Nebenher unterrichtete er nachmittags in einer Grundschule. Mit seinen kleinen Schülern machte er Erfahrungen, die ihn zu seinem ersten Kinderbuch veranlassten: *Sideways Stories From Wayside School*, das 1976 erschien. Nachdem sein Vater gestorben war, zog er für ein Semester zurück zu seiner Mutter. Um sie finanziell zu unterstützen, nahm er einen Job als Bürstenverkäufer an. Er ging von Haus zu Haus, um seine Ware, die aus Bürsten und auch anderen Haushaltswaren bestand, zu anzubieten. Nach diesem Abstecher ging er wieder zur Hochschule, an die Universität von Kalifornien bei Berkeley, um Jura zu studieren.
Da er hier auch seine Liebe zur russischen Literatur erkannte, lernte er zeitweise nebenher Russisch, um seine Lieblingsklassiker im Original lesen zu können. Nachdem er das Studium beendet hatte, war er 1980 – 1989 als Rechtsanwalt tätig.
In seiner Freizeit begann er wieder, Kinderbücher zu schreiben und entschied schließlich, sich ganz dem Schreiben zu widmen.

Während seines Jurastudiums lernte er seine Frau Carla kennen, mit der er seit 1985 verheiratet ist. 1987 wurde die Tochter Sherre geboren. Heute wohnt er in Austin in Texas, mit seiner Familie und seinen Hunden Lucky und Tippy, die in seinem Büro sein dürfen, wenn er an einem Buch schreibt. Zu seinen Gewohnheiten gehört es, sich jeden Morgen zwei Stunden dem Schreiben zu widmen.

Louis Sachar gehört zu den bekanntesten Kinder- und Jugendbuchautoren der USA. Er ist für seine Werke – mittlerweile über 20 Bücher – mehrmals ausgezeichnet worden. So bekam *Holes* (deutscher Titel *Löcher*) den Literaturpreise, unter anderem den *National Book Award for Young People's Literature*. Zwischenzeitlich stand Louis Sachar auf Platz 2 der amerikanischen Bestsellerliste. In Deutschland erhielt *Löcher* 2000 den LUCHS[1] und 2006 wurden *kleine schritte*, das Figuren aus Löcher wieder aufnimmt, als Jugendbuch des Monats gewählt.

Informationen entnommen aus: http://de.wikipedia.org/wiki/Louis_Sachar
http://www.zum.de/Faecher/D/BW/gym/sachar/holes8.html

1 Literaturpreis für Kinder- und Jugendbücher, vergeben von der Wochenzeitung Die Zeit und Radio Bremen

LOUIS SACHAR – WERK

M 25

In Deutschland wurden bisher folgende Übersetzungen erfolgreich publiziert:

Der Fluch des David Ballinger (1988/Übersetzung 2009):
Im Mittelpunkt der Handlung steht der Fluch der alten und unheimlichen Mrs Bayfield. Sie ist durch die Clique, zu der David gehören möchte, in peinliche Situationen geraten. Diese Peinlichkeiten scheint sie mit ihrem Fluch an David weitergegeben zu haben, denn der Junge gerät in ähnliche Situationen. Was passiert und wie die Geschichte sich auflöst, ist spannend dargestellt.

Du bist ein Witz, Gary Boone! (1996/Übersetzung 2005):
Für seine Klassenkameraden ist Gary ein Trottel, was durch seinen Spitznamen „Huhn" unterstrichen wird. Er selbst aber hält sich für den witzigsten stand-up comedian[1] der Welt. Die Frage ist: Wer ist Gary Boone? Ist er ein dummer Klassenclown oder ein genialer Komiker? Eine Talentshow in der Schule schafft Klarheit.

Löcher (1998/Übersetzung 2012):
Zu Unrecht eines Diebstahls beschuldigt wird Stanley Yelnats vom Jugendrichter zu 18 Monaten Erziehungscamp Green Lake verurteilt. Der Roman schildert den harten Alltag im Camp. Im heißen Wüstenklima muss jeder Junge pro Tag ein Loch in die Erde graben. Die Angst vor giftigen Tieren und der quälende Durst bei geringen Wasserrationen tragen zu der kaum erträglichen Situation bei. Zudem muss sich Stanley in der Gruppe der „harten Jungs" behaupten. Wie Stanley durchhält, einen Freund gewinnt und sich durch eine enorme Leistung die Achtung der Jungen verdient, ist packend beschrieben. Sachar hat für diesen Roman noch einen *Survival Guide für Camp Green Lake* verfasst, in dem auch zusätzliche Informationen über die Figuren enthalten sind.

Bradley, letzte Reihe, letzter Platz (2004/Übersetzung 2005):
Jeff ist neu in der Klasse und wird neben Bradley gesetzt. Schon in der ersten großen Pause erweist sich Bradley als Ekel. Er reagiert auf Jeffs freundlichen Annäherungsversuch äußerst aggressiv. Die anderen nennen ihn „das Monster" und Bradley verhält sich auch so, dass er diesem Namen alle Ehre macht. Aber Jeff fragt sich, ob Bradley wirklich so ein Ekel ist oder nur versucht, sich zu schützen, weil er mit „Freunden" schlimme Erfahrungen gemacht hat. Das möchte er herausfinden. Als er sich aus Versehen auf die Mädchentoilette verirrt, ist Bradley beeindruckt. Auch die Schulpsychologin Carla Davis kann einen Kontakt zu dem Außenseiter herstellen und sein Vertrauen gewinnen. So wird am Ende der Geschichte klar, dass Bradley ein sensibler und fantasievoller Junge ist, der das „Monster" spielt, weil er Angst vor Zurückweisung hat.

kleine schritte (2006/Übersetzung 2006)

König, Dame, Joker (2010/Übersetzung 2011)
Zunächst geht Alton gezwungenermaßen mit seinem alten, blinden, kranken, aber sehr reichen Großonkel Lester in den Bridge-Club. Für Alton ist Bridge ein langweiliges Spiel für alte Damen. Doch Alton muss seine Meinung ändern. Er entdeckt, dass die Verbitterung Lesters mit dessen geheimnisvoller Vergangenheit zusammenhängen könnte, er erlebt Bridge als ein faszinierendes Spiel und erkennt, dass die Bridgepartnerin des Großonkels keineswegs eine langweilige alte Dame, sondern eine hübsche und sehr nette Frau ist. Diese Erfahrungen erweisen sich als Voraussetzungen für ein spannendes Turnier und Sommerferien, an deren Ende sich Altons Leben entscheidend verändert hat.

1 überwiegend gesprochener Solovortrag Komikers

Informationen entnommen aus:
http://de.wikipedia.org/wiki/Louis_Sachar
http://www.lovelybooks.de/autor/Louis-Sachar/

LOUIS SACHAR *M 26*

➲ Aufgabe Recherchieren

Recherchiere nach Informationen über den Autor Louis Sachar

a) im Internet unter
http://de.wikipedia.org/wiki/Louis_Sachar
http://www.zum.de/Faecher/D/BW/gym/sachar/holes8.html
http://www.lovelybooks.de/autor/Louis-Sachar/

b) Erstelle anschließend eine MindMap zu den Informationen, die du über den Autor gefunden hast und präge dir diese ein!

c) Fülle anschließend den Lückentext aus.

MindMap Louis Sachar

LOUIS SACHAR - LÜCKENTEXT *M 27*

Louis Sachar (Leben und Werk)

Louis Sachar, geboren am 20.03.1954 in East Meadow im Staat New York, ist ein auch in Deutschland bekannter US-amerikanischer ____________________. Als er neun Jahre alt war, zog die Familie nach Tustin, einem ländlichen Gebiet in Kalifornien.
Zunächst war Louis wenig am ____________________ interessiert. Erst als er die High-School beendet hatte, wuchs seine Begeisterung für Bücher. Er war ein guter Schüler. Nach erfolgreicher Schullaufbahn studierte er ____________________ an der Hochschule Antioch in Ohio. Nebenher unterrichtete er nachmittags in einer Grundschule. Mit seinen kleinen Schülern machte er Erfahrungen, die ihn zu seinem ersten ____________________ veranlassten: *Sideways Stories From Wayside School*, das 1976 erschien. Nachdem sein Vater gestorben war, zog er für ein Semester zurück zu seiner Mutter. Um sie ____________________ zu unterstützen, nahm er einen Job als Bürstenverkäufer an. Er ging von Haus zu Haus, um seine Ware, die aus Bürsten und auch anderen Haushaltswaren bestand, zu anzubieten. Nach diesem Abstecher ging er wieder zur Hochschule, an die Universität von Kalifornien bei Berkeley, um ____________________ zu studieren.

Da er hier auch seine Liebe zur russischen Literatur erkannte, lernte er zeitweise nebenher Russisch um seine Lieblingsklassiker im Original lesen zu können. Nach dem er das Studium beendet hatte, war er 1980-1989 als ______________________ tätig.
In seiner Freizeit begann er wieder, Kinderbücher zu schreiben und entschied schließlich, sich ganz dem ______________________ zu widmen.
Während seines ______________________ lernte er seine Frau Carla kennen, mit der er seit 1985 verheiratet ist. 1987 wurde die Tochter Sherre geboren. Heute wohnt er in Austin in Texas, mit seiner Familie und seinen ______________________ Lucky und Tippy, die in seinem Büro sein dürfen, wenn er an einem Buch schreibt. Zu seinen Gewohnheiten gehört es, sich jeden Morgen zwei Stunden dem Schreiben zu widmen.

In Deutschland wurden bisher folgende ______________________ erfolgreich publiziert:
Der Fluch des David Ballinger (1988/Übersetzung 2009):
Im Mittelpunkt der Handlung steht der ______________________ der alten und unheimlichen Mrs Bayfield. Sie ist durch die Clique, zu der David gehören möchte, in peinliche Situationen geraten. Diese Peinlichkeiten scheint sie mit ihrem Fluch an David ______________________ zu haben. Was passiert und wie die Geschichte sich auflöst, ist spannend dargestellt.
Du bist ein Witz, Gary Boone! (1996/Übersetzung 2005):
Für seine Klassenkameraden ist Gary ein ______________________, was durch seinen Spitznamen „Huhn" unterstrichen wird. Er selbst aber hält sich für den witzigsten stand-up comedian der Welt. Die Frage ist: Wer ist Gary Boone? Eine ______________________ in der Schule schafft Klarheit.
Löcher (1998/Übersetzung 2012):
Zu Unrecht eines Diebstahls beschuldigt wird Stanley Yelnats vom Jugendrichter zu 18 Monaten ______________________ Green Lake verurteilt. Der Roman schildert den harten Alltag im Camp. Wie Stanley durchhält, einen Freund gewinnt und sich durch eine enorme Leistung die ______________________ der Jungen verdient, ist packend beschrieben.
Bradley, letzte Reihe, letzter Platz (2004/Übersetzung 2005):
Jeff ist neu in der Klasse und wird neben Bradley gesetzt. Schon in der ersten großen Pause erweist sich Bradley als ______________________. Die anderen nennen ihn „das ______________________" und Bradley verhält sich auch so, dass er diesem Namen alle Ehre macht. Aber Jeff fragt sich, ob Bradley wirklich so ein Ekel ist oder nur versucht, sich zu schützen, weil er mit „Freunden" schlimme Erfahrungen gemacht hat. Das möchte er herausfinden. So wird am Ende der Geschichte klar, dass Bradley ein ______________________ und fantasievoller Junge ist, der das „Monster" spielt, weil er Angst vor ______________________ hat.
kleine schritte (2006/Übersetzung 2006)
König, Dame, Joker (2010/Übersetzung 2011)
Zunächst geht Alton gezwungenermaßen mit seinem alten, blinden, kranken, aber sehr ______________________ Großonkel Lester in den Bridge-Club. Für Alton ist Bridge ein ______________________ Spiel für alte Damen. Doch Alton muss seine Meinung ändern. Diese Erfahrung erweist sich als Voraussetzungen für ein spannendes Turnier und Sommerferien, an deren Ende sich Altons Leben entscheidend ______________________ hat.

DER KAMPF GEGEN DEN RASSISMUS *M 28*

1) Der Traum des Martin Luther King

„I Have a Dream" ist der Titel einer berühmten Rede von Martin Luther King, Jr., gehalten am 28. August 1963 in Washington D. C., vor mehr als 250 000 Menschen. King flocht dabei Textstellen aus der Bibel, der Verfassung der USA und der Menschenrechtserklärung geschickt in seine Rede ein, um zu zeigen, dass die Gleichberechtigung der afroamerikanischen Bevölkerung der USA längst nicht verwirklicht war:

„Ich habe einen Traum, dass sich eines Tages diese Nation erheben wird und die wahre Bedeutung ihres Glaubensbekenntnisses ausleben wird: Wir halten diese Wahrheit für selbstverständlich: Alle Menschen sind als gleich erschaffen. Ich habe einen Traum, dass eines Tages auf den roten Hügeln von Georgia die Söhne früherer Sklaven und die Söhne früherer Sklavenhalter

miteinander am Tisch der Brüderlichkeit sitzen können. [...] Ich habe einen Traum, dass meine vier kleinen Kinder eines Tages in einer Nation leben werden, in der man sie nicht nach ihrer Hautfarbe, sondern nach ihrem Charakter beurteilt. Ich habe einen Traum, heute!"

Für seinen Einsatz für soziale Gerechtigkeit und Gleichberechtigung erhielt King 1964 den Friedensnobelpreis.

Der damalige US-Präsident John F. Kennedy unterstützte die Bürgerrechtsbewegung und brachte im Juni 1963 eine Gesetzesvorlage zur weitgehenden Gleichberechtigung auf den Weg, die am 19. Juni 1964 in Kraft trat. Dennoch dauerte es noch lange, bis die Gleichberechtigung aller Schwarzen in den USA gegen den heftigen Widerstand vieler Bundesstaaten, Richter, Politiker und Rassisten durchgesetzt werden konnte.

Am 4. April 1968 wurde King von einem Rassisten erschossen. Die Gerüchte über eine Verschwörung, in die die US-amerikanische Regierung durch das FBI verstrickt gewesen sein soll, verstummten jedoch nie.

John F. Kennedy hat das Inkrafttreten des Bürgerrechtsgesetzes nicht erlebt, da er am 22. November 1963 einem nie aufgeklärten Attentat zum Opfer fiel.

2) In einem Beitrag schrieb „Die Zeit" anlässlich der Wahl Barack Obamas zum US-Präsidenten:

Barack Obama – Der weiß-schwarze Präsident

Barack Obama vollendet den Traum von der Sklavenbefreiung. Und passt doch in kein Schema.

Jene, die am längsten auf diesen Tag hingearbeitet haben, können es bis zum Schluss nicht glauben: Amerikas Veteranen der Bürgerrechtsbewegung mögen noch Stunden nach dem endgültigen Wahlergebnis nicht fassen, was sich ereignet hat. Ein junges schwarzes Ehepaar ist auf dem Weg ins Weiße Haus. Vom Alter her könnten es ihre Kinder sein – und in gewisser Hinsicht sind sie es auch. Barack Obama ist Jahrgang 1961, Michelle Obama wurde 1964 geboren. Man muss ein paar Bilder und Schlagzeilen aus diesen Jahren hervorziehen, um das Staunen der älteren Afroamerikaner zu verstehen.

http://www.zeit.de/2008/46/OBAMA-Schwarze-in-den-USA

3) Der deutsche Bundespräsident Christian Wulff hielt am 3. Oktober 2010 eine Rede zum 20. Jahrestag der deutschen Einheit. Darin hob er hervor (Auszüge):
„Vielfalt schätzen – Zusammenhalt fördern"

„Wir sind ein Volk!" Dieser Ruf der Einheit muss heute eine Einladung sein an alle, die hier leben. Eine Einladung, die nicht gegründet ist auf Beliebigkeit, sondern auf Werten, die unser Land stark gemacht haben. Mit einem so verstandenen „wir" wird Zusammenhalt gelingen – zwischen denen, die erst seit kurzem hier leben, und denen, die schon so lange einheimisch sind, dass sie vergessen haben, dass vielleicht auch ihre Vorfahren von auswärts kamen.

Wenn mir deutsche Musliminnen und Muslime schreiben: „Sie sind unser Präsident" – dann antworte ich aus vollem Herzen: Ja, natürlich bin ich Ihr Präsident! Und zwar mit der Leidenschaft und Überzeugung, mit der ich der Präsident aller Menschen bin, die hier in Deutschland leben.

Ich habe mich gefreut über den offenen Brief einer Gruppe von Schülerinnen und Schülern mit familiären Wurzeln in 70 verschiedenen Ländern. [...] Sie schreiben: „Für uns spielt keine Rolle, woher einer kommt, sondern vielmehr, wohin einer will. Wir glauben daran, dass wir gemeinsam unseren Weg finden werden.

Wir wollen hier leben, denn wir sind Deutschland." [...]

Wir sind Deutschland. Ja: Wir sind ein Volk. Weil diese Menschen mit ausländischen Wurzeln mir wichtig sind, will ich nicht, dass sie verletzt werden in durchaus notwendigen Debatten. Legendenbildungen, die Zementierung von Vorurteilen und Ausgrenzungen dürfen wir nicht zulassen. Das ist in unserem eigenen nationalen Interesse.

Denn die Zukunft, davon bin ich felsenfest überzeugt, gehört den Nationen, die offen sind für kulturelle Vielfalt, für neue Ideen und für die Auseinandersetzung mit Fremden und Fremdem. Deutschland – mit seinen Verbindungen in alle Welt – muss offen sein gegenüber denen, die aus allen Teilen der Welt zu uns kommen. Deutschland braucht sie! [...]

Zu allererst brauchen wir aber eine klare Haltung. Ein Verständnis von Deutschland, das Zugehörigkeit nicht auf einen Pass, eine Familiengeschichte oder einen Glauben verengt, sondern breiter angelegt ist. Das Christentum gehört

zweifelsfrei zu Deutschland. Das Judentum gehört zweifelsfrei zu Deutschland. Das ist unsere christlich-jüdische Geschichte. Aber der Islam gehört inzwischen auch zu Deutschland. [...]
Wie haben es die Schüler gesagt? Wichtig ist, wohin einer will. Sie glauben daran, dass wir einen gemeinsamen Weg finden. Der gemeinsame Weg braucht dann aber auch Einigkeit über das gemeinsame Ziel.
Jetzt komme ich zur dritten Antwort auf unsere Ausgangsfrage. „Deutschland, einig Vaterland", das heißt, unsere Verfassung und die in ihr festgeschriebenen Werte zu achten und zu schützen. Zu allererst die Würde eines jeden Menschen, aber auch die Meinungsfreiheit, die Glaubens- und Gewissensfreiheit, die Gleichberechtigung von Mann und Frau. Sich an unsere gemeinsamen Regeln zu halten und unsere Art zu leben, zu akzeptieren. Wer das nicht tut, wer unser Land und seine Werte verachtet, muss mit entschlossener Gegenwehr aller rechnen – das gilt für fundamentalistische ebenso wie für rechte oder linke Extremisten.

Quelle: http://www.bundespraesident.de/SharedDocs/Reden/DE/Christian-Wulff/Reden/2010/10/20101003_Rede.html
(aufgerufen am 18.11.2011)

TEXTARBEIT zu den Texten 1-3

➲ Aufgabe 1 (zu Text 1)
Richtig oder falsch? Kreuze an.

	richtig	falsch
Mit Zitaten aus der Bibel, der Verfassung der USA und der Menschenrechtserklärung wollte Martin Luther King in seiner Rede von 1963 zeigen, dass die Gleichberechtigung der afrikanischen Bevölkerung der USA noch nicht erreicht war.		
Martin Luther King glaubte nicht daran, dass die Gleichberechtigung der afroamerikanischen Bevölkerung der USA jemals Wirklichkeit werden würde.		
Der Traum von Martin Luther King war es, dass Menschen nicht nach ihrer Hautfarbe, sondern nach ihrem Charakter beurteilt werden.		
1964 wurde Martin Luther King wegen seines Bemühens um Gleichberechtigung und soziale Gerechtigkeit Nobelpreisträger.		
Von dem damaligen Präsidenten der USA John F. Kennedy konnte Martin Luther King keine Unterstützung erwarten.		
Im April 1968 erschoss ein Rassist den Nobelpreisträger.		
Gerüchte über eine Verstrickung der US-Regierung in eine Verschwörung verschwanden schnell.		

➲ Aufgabe 2 (zu Text 2)
Vervollständige die folgenden Teilsätze.

Obama und seine Frau könnten von ihrem Alter her die Kinder der Kämpfer für die Bürgerrechtsbewegung sein,

denn ____

____

Um die Reaktion der alten Afroamerikaner auf die Wahl Obamas verstehen zu können, ____________________

____

➲ Aufgabe 3 (zu Text 3)

Verbinde die zusammengehörenden Teilsätze durch Linien.

Bundespräsident Christian Wulff wollte seinen Aufruf zur Einheit	die für Vielfalt und Fremdes offen sind.
Christian Wulff verstand sich als Präsident	auch ein gemeinsames Ziel braucht.
Christian Wulff sprach von seiner Überzeugung, dass die Zukunft den Ländern gehört,	dass sich alle an gemeinsame Regeln halten müssen.
Wulff glaubte, dass ein gemeinsamer Weg	aller Menschen, die in der BRD leben.
Wulff wies aber auch darauf hin,	als Ruf an alle in Deutschland lebenden Menschen verstanden wissen.

➲ Aufgabe 4

Schreibe jeweils den Satz heraus, der zu den folgenden Aussagen passt.

Obwohl 1964 das Bürgerrechtsgesetz zur weitgehenden Gleichberechtigung der schwarzen Bevölkerung in Kraft trat, verging wegen der zahlreichen Widerstände bis zu seiner endgültigen Durchsetzung noch viel Zeit. (zu Text 1)

____

____

____

Schülerinnen und Schüler aus vielen verschiedenen Ländern versicherten in einem Brief, dass sie es für unwichtig halten, woher jemand komme, aber für wichtig, wohin er wolle. (zu Text 3)

____

____

____

Wulff wies in seiner Rede darauf hin, dass für ihn das Christentum, das Judentum und der Islam zu Deutschland gehören. (zu Text 3)

____

____

____

➲ Aufgabe 5

a) Louis Sachars Jugendroman „kleine schritte" erschien 2004, also 43 Jahre nach der Rede von Martin Luther King. Ist der Traum Kings in der Gesellschaft, in der Deo lebt, in Erfüllung gegangen? Begründe deine Antwort.

b) Zwei Jahre vor Erscheinen des Buches wurde Barack Obama zum ersten schwarzen Präsidenten gewählt. *Welche Figur im Roman* zeigt am deutlichsten, dass mit der Gleichberechtigung von schwarzer und weißer Bevölkerung Ernst gemacht wird. Begründe deine Antwort.

GINNYS BEHINDERUNG *M 31*

Informationstext: Zerebralparese

Die Zerebralparese wird durch eine frühe Hirnschädigung verursacht. Der Zeitpunkt dieser Schädigung kann vor, während oder nach der Geburt liegen. Die Folge ist eine Körperbehinderung, die als Bewegungsstörung auftritt, da Gehirnzellen, die für die Steuerung der Bewegung verantwortlich zeichnen, betroffen sind. Dadurch werden zu viele oder zu wenige Signale an die Muskeln gesandt, sodass sich diese zu sehr oder zu wenig spannen. Ein harmonisches Zusammenspiel der Muskeln ist nicht möglich, die Bewegungsfunktionen sind gestört. Die Betroffenen sind meist abhängig von einer Gehhilfe, in schlimmen Fällen von einem Rollstuhl.
Folgende Erscheinungsformen der Zerebralparese sind möglich:

1) *Spastik:* Sie ist charakterisiert durch erhöhte Muskelspannung und Krampfanfälle.
2) *Athetose:* Bei dieser Form kommt es zu asymmetrischen Bewegungen und Haltungsanomalien[1]. Die Muskelspannung ist stark schwankend. Der Patient kann auch unter Aussprache- und Schluckbeschwerden, fehlender Kontrolle der Mimik und des Blicks und Gleichgewichtsstörungen leiden.

Oftmals ist die Krankheit eine Mischform.

Hinweis[2]: unter dem Link: http://m.youtube.com/watch?v=Mk484KEPUxU
kannst du dir ein Video ansehen, in dem ein Junge über seine Zerebralparese spricht.

➲ Aufgabe

Nach dem Konzert unterhalten sich Kaira und Ginny über die Behinderung. Ginny beantwortet Kaira, die sehr mitfühlend ist, viele Fragen. Vervollständige mithilfe der Angaben aus dem Informationstext und deinem Wissen über den Romaninhalt das Gespräch.

Kaira	Ginny, du hast gesagt, dass du eine Blutung im Gehirn gehabt hast, als du geboren wurdest. Was bedeutet das denn für deine Behinderung?
Ginny	
Kaira	Wodurch kommt denn diese Bewegungsstörung?
Ginny	
Kaira	Werden denn dann keine oder falsche Signale vom Gehirn an die Muskeln geschickt?
Ginny	

1 Anomalie = Abweichung vom Normalen

2 Informationen entnommen aus:
http://www.klinikum.uni-muenster.de/fileadmin/ukminternet/daten/kliniken/orthopaedie/Lehre/Begleitliteratur/Infantile_Zerebralse_-_Pathogenese_und_Behandlung_der_gestoerten_Hueftentwicklung.pdf
http://www.intakt.info/informationen-und-recht/diagnose-behindert/infantile-zerebralparese/
http://de.wikipedia.org/wiki/Infantile_Zerebralparese
http://www.bessersprechen.de/cp.htm

Kaira	Welche Auswirkungen hat das auf dich, auf die Arbeit deiner Muskeln?
Ginny	
Kaira	War das so eine Situation vorhin vor dem Konzert?
Ginny	
Kaira	Welche Schwierigkeiten mit den Bewegungen hast du, wenn die Muskeln zu wenig gespannt sind?
Ginny	
Kaira	Und wie ist das mit deinen Beinen, dem Gehen?
Ginny	
Kaira	Kannst du überhaupt ohne Hilfe spazierengehen?
Ginny	
Kaira	Hast du noch andere Schwierigkeiten außer mit den Bewegungen, die du eben genannt hast?
Ginny	
Kaira	Deo ist dein Freund und er hilft dir. Gibt es auch Menschen, die verletzend zu dir sind?
Ginny	
Kaira	Hat das auch mit Deo und mit deinem Verhalten zu tun?
Ginny	
Kaira	So wie du mir auch alle meine Fragen beantwortet hast. Dafür danke ich dir, für dein Vertrauen. Und ich wünsch dir alles Gute.
Ginny	Ich habe gern mit dir darüber gesprochen. Das hat mir gut getan. Und dir wünsche ich eine tolle Zukunft.

TRADE-A-PROBLEM

M 34

THEMA/PROBLEMSTELLUNG

ANTWORT GRUPPE I:

ANTWORT GRUPPE II:

ANTWORT GRUPPE III:

ANTWORT GRUPPE IV:

OPTIMALE PROBLEMLÖSUNG:

Lückentext Inhalt „kleine schritte" *M 35*

➲ Aufgabe

Vervollständige den Lückentext. (Inhalt)

Entlassen aus dem ______________________ Green Lake versucht der Schwarzamerikaner Theodore Johnson, bekannt unter dem ______________________ Deo, mithilfe des Rates der ______________________, sich sein neues Leben mit einem „Plan der kleinen ______________________" aufzubauen. Zu diesen Schritten gehören Aktivitäten, die den ______________________ auf der High-School und eine Berufsausbildung betreffen, aber auch Verhaltensregeln wie sparsam sein und keine strafbaren Handlungen mehr zu begehen. Mit dem letzten Punkt des Fünf-Schritte-Plans, den aus dem Camp stammenden Spitznamen Deo loszuwerden, wird der Wunsch neu anzufangen, das alte ______________________ völlig hinter sich zu lassen, besonders verdeutlicht. Gelingen und Misslingen dieses Plans sind Stationen im Romangeschehen. Mit seiner kleinen behinderten Nachbarin ______________________ zusammen geht Deo erfolgreich den Weg der kleinen Schritte, was ihm mit der jungen schwarzen ______________________ Kaira nicht gelingt. Kaira, eingeschlossen in eine nur auf ihre ______________________ ausgerichtete Lebenswelt, einsam, ohne ______________________ und Abwechslung, verbindet mit Deo die Hoffnung auf Veränderung. Die Faszination ihrer ersten ______________________ verführt beide zu einem zu großen Schritt, der nicht von der Realität getragen ist: den Glauben an eine mögliche ______________________. Doch es kommt zu einem ______________________ und zum Bruch. Die beiden jungen Leute kennen sich nicht wirklich, das für eine Beziehung notwendige ______________________ konnte noch nicht entstehen. So unterstellt Kaira, dass Deo wie alle anderen es nur auf ihr ______________________ abgesehen hat und Deo seinerseits kann Kairas Vorwurf nicht verstehen. Das anschließende Geschehen ist turbulent. Kairas ______________________ und Stiefvater El Genius führt aus Geldgier einen Mordanschlag auf sie aus, Kaira wird gerettet durch ihren ______________________ Fred und Deo, die in letzter Minute eingreifen können. Aber Deo fliegt nach ______________________, bevor er sich mit Kaira aussprechen kann, die bewusstlos ins Krankenhaus gebracht wird. In einem Parallelgeschehen gerät Deo durch seinen Kumpel aus dem Camp, ______________________, in einen Schwarzmarkthandel mit Karten für das Kaira-DeLeon-Konzert in ______________________, auf dem sich Deo und Kaira kennenlernen und das Geschehen um die beiden ihren Anfang nimmt. Da X-Ray auch gefälschte Karten in Umlauf gebracht hat, werden polizeiliche ____________________ eingeleitet, die jedoch wegen Geringfügigkeit eingestellt werden. Am Ende des Romans konzentriert sich Deo mit neuen ____________________ wieder auf seinen Plan der kleinen Schritte, Kaira verwirklicht nach ihrer Genesung ihre eigene Vorstellung von ihrem ____________________ und ihren Auftritten: nicht die große ____________________, sondern Schlichtheit und Ehrlichkeit. Eine neue Möglichkeit der ____________________ wird angedeutet, bleibt aber offen.

Abschluss – Austin – Begegnung – Beziehung – Einsichten – Ermittlungen – Erziehungscamp – Freunde – Geld – Gesang – Ginny – Hause – Karriere – Leben – Leibwächter – Liebesbeziehung – Manager – Missverständnis – Sängerin – Schritte – Show – Sozialarbeiterin – Spitznamen – Vertrauen – X-Ray

FRAGEN ZUM MULTI-INTERVIEW *M 37*

1. Wer ist Deo?
2. Wo war Deo vor dem Beginn der Romanhandlung?
3. Welchen Rat hat ihm die Sozialarbeiterin gegeben?
4. Welche Punkte enthält Deos Plan?
5. Wie verhält sich Deo bei seiner Arbeit und den Aufgaben der Schule gegenüber?
6. Welches Angebot macht ihm X-Ray, ein Kumpel aus dem Erziehungscamp?
7. Wie verhält sich X-Ray als Deos Partner?
8. Welche Folgen hat X-Rays Verhalten für Deo und Ginny auf dem Konzert?
9. Welche glückliche Wendung nimmt der Vorfall auf dem Konzert?
10. Wie verlaufen das Konzert und das Geschehen danach hinter der Bühne?
11. Wie kommt es zu der zweiten Begegnung von Kaira und Deo?
12. Was geschieht bei dem zweiten Treffen von Kaira und Deo?

13.	Wie versucht Deo durch eine Aufgabe für den Freies-Sprechen-Kurs Ginny eine Freude zu machen?
14.	Warum schaltet sich die Polizei in den Handel mit den Konzertkarten ein?
15.	Wie geht Detective Newberg mit Deo und X-Ray um?
16.	Wie kommt es zu dem dritten Treffen von Kaira und X-Ray?
17.	Was verlangt Felix von Deo?
18.	Welche Entscheidung trifft Deo?
19.	Was unternehmen Kaira und Deo in San Francisco?
20.	Wie kommt es zu dem Bruch zwischen Kaira und Deo?
21.	Was geschieht mit Kaira, nachdem sie Deo verlassen hat und ins Hotel zurückgekehrt ist?
22.	Wer greift ein und rettet Kaira?
23.	Was geschieht mit Kaira, Fred, El Genius und Deo nach dem Mordanschlag?
24.	Wie geht das Leben von Deo und Kaira weiter?
25.	Was ist über eine mögliche Beziehung von Kaira und Deo zu sagen?

STRUKTUR-LEGE-TECHNIK *M 39*

Begriffskärtchen

SEHNSUCHT	BETRUG	FREUNDSCHAFT
SCHWARZMARKTHANDEL	RASSISMUS	VERTRAUEN MISSTRAUEN
NÄHE	HEIMATLOSIGKEIT	VERBRECHEN
VERANTWORTUNG	UNWAHRHEIT	EHRLICHKEIT
HOFFNUNG	ZORN	ENTWICKLUNG
MITGEFÜHL	BEHINDERUNG	EINSAMKEIT
LIEBE	MOBBING	ERPRESSUNG
FÜNF-SCHRITTE-PLAN	KONFLIKT	AUSSENSEITER

Training: Gestaltende Schreibformen – Erlebte Rede *M 40*

Erlebte Rede (Kaira)

Vortext	Kaira setzt große Hoffnungen in eine Freundschaft mit Deo. Diese Freundschaft könnte sie von ihrer Einsamkeit befreien und ihr das Gefühl geben, beschützt zu sein. Sie wäre nicht nur von Leuten umgeben, die sich ausschließlich um den Erfolg ihrer Tourneen kümmerten, sondern hätte einen Menschen, mit dem sie ihre Freizeit gemeinsam gestalten könnte und nicht nur vor dem TV oder den Video-Spielen sitzen müsste.
Textauszüge	„Einmal habe ich sogar das Wort mit L benutzt! Wie blöd kann man sein? Keiner findet die große L. . . nach einem Eis und zehn Minuten Spaziergang." (S. 172) „Dein Lächeln gibt mir Halt." (S. 173) „Wenn ich Liebeslieder singe, hilft es mir, an dich zu denken. Früher habe ich mir dazu eine Art Märchenprinzen erfunden." (S. 173)
Aufgabenstellung	Nachdem Kaira den Brief an Deo geschrieben hat, setzt sie sich mit ihrem Leben als Star auseinander, denkt über die bisherigen Begegnungen mit Deo und ihre Hoffnungen für eine zukünftige Beziehung nach. **Schreibe dazu eine erlebte Rede.**

Was entnehme ich dem Vortext?	• Hoffnung auf Freundschaft mit Deo • Befreiung von der Einsamkeit • Beschütztsein • Partner für Freizeitgestaltung • nicht nur auf den Tourneeerfolg ausgerichtet	Wie fühlt sich Kaira in ihrem Leben als Star? Wie steht sie zu den Menschen, die sie umgeben? Was vermisst sie? Welche Veränderungen durch die Freundschaft mit Deo stellt sie sich vor?
Welche Schlüsselwörter enthält der Textauszug?	*„Keiner findet die große* ***Liebe*** *nach einem Eis und zehn Minuten Spaziergang."* *„Dein Lächeln gibt mir* ***Halt.****"* *Früher habe ich mir dazu* ***eine Art Märchenprinzen*** *erfunden."*	Warum schreibt Kaira in ihrem Brief an Deo von Liebe? Wie denkt sie über Liebe in Bezug auf ihre Beziehung zu Deo? Was meint Kaira mit „Halt geben"? Was bedeutet Deo für ihr Singen?
Was verlangt die Aufgabenstellung?	• Auseinandersetzung mit ihrem Leben als Star • Nachdenken über bisherige Begegnungen mit Deo • Vorstellung von der zukünftigen Beziehung zu Deo/Hoffnung • Berücksichtigung von Gefühlen • Form der erlebten Rede	Warum denkt Kaira über alles nach? Wie beurteilt sie ihr Leben und die Menschen, die sie umgeben? Wie beurteilt sie Deo und seine Freundschaft zu Ginny? Was könnte sich für Kaira durch Deo ändern? Welche unterschiedlichen Gefühle hat Kaira?

Wichtig ist:

- sich in die derzeitige Gefühlslage der Figur(en), hier Kaira, hineinzuversetzen,
- zu prüfen, welche Ereignisse in deinen Text aufgenommen werden,
- welches Ziel die Schreibaufgabe verfolgt, warum Kaira ein Gespräch mit sich führt.

Training: Gestaltende Schreibformen – Erlebte Rede *M 41*

Die Inhalte für die erlebte Rede kannst du in einer ausführlichen Stichwortliste festhalten.

Stichwortliste

Kairas Leben als Star	Die bisherigen Begegnungen mit Deo	Hoffnungen auf eine Beziehung mit Deo	Gefühle
• ist immer allein • keine Abwechslung •	• Kennenlernen am Konzertabend: Begegnung Kairas mit einer anderen Welt • Bewundern der Freundschaft zwischen Deo und Ginny •	• will Deo wiedersehen: Anruf und Einladung • Hoffnung auf gemeinsame Unternehmungen •	• fühlt sich einsam • Gefühl der Langeweile •

In der erlebten Rede werden die inneren Vorgänge einer Figur wiedergegeben. Die Gedanken der Figur werden von dem Erzähler/Schreiber dargestellt. Daher steht die erlebte Rede in der Er-Form und im Präteritum, aber die Perspektive der Figur wird beibehalten und vom Erzähler/Schreiber übernommen. Im Vergleich mit dem inneren Monolog ist eine gewisse Distanz zur Figur vorhanden.

Informationen zur erlebten Rede

MERKMALE

FORM
- Er-Form

SPRACHE
- vollständige Sätze
- Präteritum
- Fragen
- rhetorische Fragen
- Interjektionen
- unterschiedliche Satzzeichen

INHALTE
- Gedanken einer Figur (Vorstellungen, Erinnerungen, Meinungen, Reaktionen)
- Einfügen von Kommentaren des Erzählers/Schreibers
- Einfügen wörtlicher Rede der Figuren (ohne Anführungszeichen)

Du könntest so beginnen:
Was hatte sie nur alles geschrieben... unmöglich!! Und auch noch abgeschickt! Warum hatte sie das denn gemacht? Sie vermisste Deo so sehr, alles war ohne ihn so....

Training: Gestaltende Schreibformen – Tagebucheinträge Kairas *M 42*

Tagebucheintrag (Kaira)

Vortext	Kaira muss sich nach dem Geschehen um den Mordanschlag neu in ihrem Leben orientieren. Deo, an den sie immer noch denkt, ist wieder nach Austin geflogen, nachdem er zu ihrer Rettung beigetragen hat, El Genius ist im Gefängnis und auf ihre Mutter kann sie auch nicht zählen. Jetzt hat Kaira die Gelegenheit, eigene Vorstellungen zu verwirklichen, wenn sie bereit ist, sich dafür einzusetzen. Kaira setzt große Hoffnungen in eine Freundschaft mit Deo. Diese Freundschaft könnte sie von ihrer Einsamkeit befreien und ihr das Gefühl geben, beschützt zu sein. Sie wäre nicht nur von Leuten umgeben, die sich ausschließlich um den Erfolg ihrer Tourneen kümmerten, sondern hätte einen Menschen, mit dem sie ihre Freizeit gemeinsam gestalten könnte und nicht nur vor dem TV oder den Video-Spielen sitzen müsste.
Textauszüge	„Schlimmer als der Verlust des Geldes war für Kaira aber der Verlust ihrer Stimme. Die Ärzte sagten, dass sie vielleicht nie wieder würde singen können." (S. 250) „Aber sie sang wieder. [...] Ihre Stimme klang zerbrechlich, wie dünnes Kristall, das jeden Augenblick zerspringen konnte, und doch war jede Note klar und echt." (S. 251)
Aufgabenstellung	In der Zeit ihres Krankenhausaufenthaltes bis zu ihrem erneuten Auftreten auf einer Bühne setzt sich Kaira mit ihrem bisherigen Leben und den Veränderungen durch den Mordanschlag auseinander. Sie schreibt dazu Tagebuch, in das sie ihre Erinnerungen, Gedanken, Gefühle und Pläne einträgt. Schreibe zwei Tagebucheinträge zu den Situationen, die die Textauszüge angeben.Nachdem Kaira den Brief an Deo geschrieben hat, setzt sie sich mit ihrem Leben als Star auseinander, denkt über die bisherigen Begegnungen mit Deo und ihre Hoffnungen für eine zukünftige Beziehung nach.

Die Inhalte für die Tagebucheinträge kannst du durch die Beantwortung dieser Fragen zusammenstellen:

Was entnehme ich dem Vortext?	• notwendige Neuorientierung • Deo in Austin, aber nicht vergessen • selbst für Karriere verantwortlich • konsequenter Einsatz erforderlich	Wie fühlt sich Kaira ohne die Leute, die ihre Karriere gemacht haben, nur allein verantwortlich? Welche Haltung hat sie Deo gegenüber? Was denkt sie über die Beziehung/erhofft sie von ihr? Hat Kaira den Willen, sich mit aller Kraft für ihre Pläne einzusetzen? Hat sie das Durchhaltevermögen?
Welche Schlüsselwörter enthält der Textauszug?	• Verlust des Geldes • möglicher Verlust der Stimme • veränderte neue Stimme: zerbrechlich, klar, echt	Macht der Geldverlust Kaira Angst? Wie fühlt sie sich, als sie erfährt, dass ihre Stimme möglicherweise verloren ist? Wie erreicht sie es, wieder auftreten zu können? Sind ihre neue Stimme und ihr neuer Gesang der Ausdruck ihrer eigenen Vorstellungen? Wie fühlt sie sich dabei?
Was verlangt die Aufgabenstellung?	• Auseinandersetzung mit dem bisherigen Leben • Auseinandersetzung mit den beiden in den Textauszügen angesprochenen Situationen • Tagebucheintragungen • formale Merkmale des Tagebuchs	Warum war sie so unglücklich? Warum hat sie sich nicht stärker gewehrt? Wie geht sie mit dem Verlust des Geldes und ihrer Stimme um? Wie bereitet sie ihren neuen Auftritt vor? Wie hat sich die Art des Gesangs verändert? Welche Einsichten zeigen sich in den Liedtexten?

Wichtig ist:

- sich in die Gefühlslagen der Figur(en), hier Kaira, hineinzuversetzen,
- zu prüfen, welche Ereignisse in deinen Text aufgenommen werden,
- welches Ziel die Schreibaufgabe verfolgt, warum Kaira Tagebuch schreibt.

Auf folgende Merkmale eines Tagebucheintrages musst du achten:

FORM

- Ich-Form
- Datum
- mit oder ohne Anrede
- an keine Person gerichtet (Selbstgespräch)

SPRACHE

- Schreibstil: schildernde Elemente
- Fragen
- Ellipsen/unvollständige Sätze
- Gedankensprünge
- Einwortsätze
- Interjektionen
- verschiedene Satzzeichen
- vorherrschende Tempusform: Präsens

INHALT

- persönliche Gefühle und Empfindungen
- Erlebnisse (aufschreiben, verarbeiten, archivieren, hinterfragen)

Training: Gestaltende Schreibformen – Brief *M 44*

Persönlicher Brief

Vortext	Nach seiner Rückkehr aus San Francisco versucht Deo, sein Leben wieder nach dem „Fünf-Schritte-Plan" aufzubauen. Er will seinen High-School-Abschluss bestehen und plant, eventuell eine Ausbildung zum Ergotherapeuten zu machen, um Behinderten wie Ginny helfen zu können. Er hat eingesehen, dass er sein Leben nicht ganz auf einen anderen Menschen ausrichten kann.
Textauszüge	„Deo lächelte, obwohl ihm ein riesiger Kloß in der Kehle saß." (S. 252) „Sie sagte nicht, dass sie sich wiedersehen würden – nur dass, wenn ... Das Lied konnte alles und nichts bedeuten. Vielleicht war es einfach nur ein Lied, zu dem er sie inspiriert hatte, und das war auch schön. Er war einfach glücklich, sie wieder singen zu hören." (S. 254)
Aufgabenstellung	Nachdem Deo lange Zeit nichts von Kaira gehört hatte, nicht wusste, wie sie mit dem Verlust ihres Geldes und vor allem ihrer Stimme zurechtkam, war er glücklich, sie wieder singen zu hören und aus dem Liedtext herauszuhören, dass sie ihn nicht vergessen hatte. In dieser Situation entschließt er sich, Kaira einen Brief zu schreiben, in dem er ihr seine Gedanken und Gefühle über ihre Begegnungen mitteilen möchte. Schreibe diesen **persönlichen Brief**.

Die Inhalte für den Brief kannst du durch die Beantwortung dieser Fragen, durch eine tabellarische Liste oder eine Mindmap zusammenstellen:

Wichtig ist:

- sich in die derzeitige Gefühlslage der Figur(en), hier Deo, hineinzuversetzen,
- zu prüfen, welche Ereignisse in deinen Text aufgenommen werden,
- welches Ziel die Schreibaufgabe verfolgt, warum Deo einen Brief an Kaira schreibt.

Informationen zur Schreibform *Persönlicher Brief*

Inhalte von Briefen hängen von der Absicht des Schreibers und von einem eventuell vorher erhaltenen Brief ab. In jedem Fall hat der Empfänger des Briefes Anspruch auf einen respektvollen Umgang. Wenn es sich um einen Antwortbrief handelt, sollten folgende Punkte berücksichtigt werden:

- das Aufgreifen der Gedanken des vorhergehenden Briefes
- das Beantworten der Fragen, die im vorhergehenden Brief gestellt worden sind
- Berücksichtigung der Bitten/Anliegen, die im vorhergehenden Brief vorgebracht worden sind

In diesem Fall sollte Deos Brief auch als Antwort auf den Liedtext verstanden werden.

Form	Sprache	Inhalt
• Ich-Form • Anrede • Grund des Schreibens • Grußformel • Ort, Datum	• adressatenbezogen • Umgangssprache möglich • Fragen, Bitten, Erklärungen • vorherrschende Tempusform: Präsens	• Schreibziel, an jemanden gerichtet • Sicht des Absenders einnehmen • emotional (Gedanken, Gefühle, Ideen) • Gedankenaustausch (gedachte Reaktionen einbeziehen) • handelt oft von gemeinsamen Erlebnissen, Problemen, Ängsten, Hoffnungen

KLASSENARBEIT: Gestaltendes Schreiben **M 45**

Textauszug (S. 246-247)

„Kaira öffnete die Augen und erkannte ganz verschwommen Fred über sich, der auf sie herabblickte. Er trug ein Krankenhausnachthemd, und vielleicht hätte sie gelacht, wenn ihr nicht alles so wehgetan hätte.
»Wie geht's?«, fragte er sie.
Sie versuchte zu sprechen, konnte aber kaum ihren Mund bewegen. Ihr Gesicht war mit Verbänden umwickelt. Ernährt wurde sie über eine Kanüle, die ihr im Arm steckte.
Mit ihren Stimmbändern war auch etwas nicht in Ordnung, aber ihr gelang eine Art raues Flüstern. Fred beugte sich dicht zu ihr.
»Danke, dass du dein Leben für mich riskiert hast.«
Fred berührte ihren Arm. »Ich hab nur meinen Job gemacht, Miss DeLeon.« Er zwinkerte ihr zu.
Er wollte sich schon wieder aufrichten, aber sie griff schwach nach seinem Arm und fing noch einmal an zu sprechen.
Er musste sein Ohr ganz nahe an ihren Mund halten, um sie verstehen zu können.
»Tut mir Leid, dass ich so ein Idiot war,« sagte Kaira."

1) Welche Situation im Gesamtzusammenhang der Handlung beschreibt dieser Textauszug? Kreuze an.

Dieser Textauszug beschreibt ...
- ☐ die Situation, in der sich Kaira im Krankenhaus mit Fred über den Mordanschlag unterhält.
- ☐ die Situation, in der sich Kaira bei Fred für ihre Rettung bedankt.
- ☐ die Situation, in der sich Kaira bei Fred für sein selbstloses Eingreifen bedankt und sich für ihr Verhalten ihm gegenüber entschuldigt.
- ☐ die Situation, als Fred Kaira im Krankenhaus besucht und sich nach ihrem Befinden erkundigt.

2) Welche der folgenden Aussagen treffen auf den Textauszug zu, welche nicht? Kreuze an.

	trifft zu	trifft nicht zu
Als Kaira die Augen öffnet, kann sie ihren Leibwächter Fred nicht deutlich sehen.		
Sie lacht über Fred, der in einem Krankenhaushemd steckt.		
Mit klarer Stimme bedankt sich Kaira bei Fred, weil er sein Leben für sie aufs Spiel gesetzt hat.		
Der Leibwächter weist darauf hin, dass er nur seinen Job gemacht hätte.		
Kaira spricht so leise, dass Fred sie nicht versteht.		

3) Welches der folgenden Adjektive passt deiner Meinung nach am besten zu Fred? Begründe deine Entscheidung. Du kannst dich auch für ein anderes Adjektiv entscheiden und deine Wahl begründen.

zuverlässig – verständnisvoll – mutig

Adjektiv: ______________________________

Begründung: ______________________________

____

4) Der Text ist einfach zu lesen, weil er keine komplizierten Satzkonstruktionen enthält. Weise dies an den folgenden Sätzen nach, indem du den Satzbau bestimmst. Kreuze die richtigen Antworten an.

„Kaira öffnete die Augen und erkannte ganz verschwommen Fred über sich, der auf sie herabblickte."

- ☐ einfacher Hauptsatz
- ☐ Satzreihe
- ☐ Satzgefüge

„Fred berührte ihren Arm."

- ☐ einfacher Hauptsatz
- ☐ Satzreihe
- ☐ Satzgefüge

5) Im Text steht:

„»Danke, dass du dein Leben für mich riskiert hast.«"

a) Formuliere das unterstrichene Wort zu einem vollständigen Satz mit Subjekt, Prädikat und Objekt um.

____

b) Warum passt das unterstrichene Wort besser zur Situation Kairas als der vollständige Satz? Erkläre.

____

____

____

6) Ersetze im folgenden Textausschnitt die unterstrichenen Wörter durch andere Wörter mit passender Bedeutung. Schreibe deine Wörter in die Klammern.

„Kaira öffnete die Augen und erkannte ganz verschwommen (________________) Fred über sich, der auf sie herabblickte (________________). Er trug ein Krankenhausnachthemd, und vielleicht hätte sie gelacht, wenn ihr nicht alles so wehgetan hätte.

»Wie geht's?«, fragte er sie.

Sie versuchte (________________) zu sprechen, konnte aber (________________) kaum ihren Mund bewegen. Ihr Gesicht war mit Verbänden umwickelt. Ernährt wurde sie über eine Kanüle, die ihr im Arm steckte. Mit ihren Stimmbändern war auch etwas nicht in Ordnung, aber ihr gelang (________________) eine Art raues Flüstern. Fred beugte sich dicht (________________) zu ihr.

7) Ein neuer Mitschüler ist in eure Klasse gekommen. Er kennt den Roman „kleine schritte" nicht, den ihr gerade im Unterricht besprecht. Um ihm den Einstieg zu erleichtern, fasst du den Inhalt in drei bis vier Sätzen zusammen, damit er weiß, worum es geht. Schreibe diese Zusammenfassung.

8) Während seiner Zeit im Krankenhaus hat Fred viel Zeit, über seine Erlebnisse und Erfahrungen als Kairas Leibwächter nachzudenken. Schreibe dazu einen inneren Monolog Freds, in dem er seine Gedanken und Gefühle ausdrückt.

KLASSENARBEIT: Interpretierendes Schreiben — M 48

Textauszug (S. 101)

„Deo und Ginny standen auf und gingen zur Straße. X-Ray parkte vor dem Haus und stieg auf der Beifahrerseite aus.
»Warum hast du so lange gebraucht?«, fragte Deo.
X-Ray antwortete nicht. »He, Ginny, bist du bereit für 'ne Dosis Rock'n Roll?«
»Ja.«
X-Ray lachte und gab Deo den Umschlag mit den beiden übrig gebliebenen Karten. »Und du denk immer dran«, sagte er. »Schön geschmeidig bleiben.«
»Okay, okay«, sagte Deo und nahm die Karten.
»Hörst du, was ich dir sage? Geschmeidig bleiben.«
»Ja, ich hab's gehört«, sagte Deo, der keine Zeit mehr für X-Rays Gerede hatte."

1) In diesem Textauszug geht es um

☐ den Hinweis X-Rays darauf, dass etwas mit den Karten nicht stimmt.
☐ die Übergabe der Konzertkarten an Deo.
☐ die Übergabe der Konzertkarten und X-Rays merkwürdigen Rat.
☐ das merkwürdige Verhalten X-Rays.

2) Vervollständige mithilfe der Wörter im Kasten den Lückentext.

Deo und Ginny warten auf ____________________, der ihnen die ____________________ für das Kaira-DeLeon-Konzert bringen soll. Auf Deos Frage, warum er so ____________________ gebraucht habe, gibt X-Ray keine Antwort. Als er Deo den ____________________ mit den Karten überreicht, weist er ____________________ darauf hin, dass Deo ____________________ bleiben solle. Deo schenkt diesem Hinweis nur wenig ____________________ , weil er keine Zeit mehr hat für lange ____________________ .

Aufmerksamkeit – deutlich – Erklärungen – geschmeidig – Karten – lange – Umschlag – X-Ray

3) Erkläre mithilfe der folgenden Textstellen, warum der Roman einfach zu lesen ist.
Berücksichtige bei deiner Erklärung Wortwahl und Satzbau.

„Deo und Ginny standen auf und gingen zur Straße. X-Ray parkte vor dem Haus und stieg auf der Beifahrerseite aus." (S. 101)

»Ja, ich hab's gehört«, sagte Deo, der keine Zeit mehr für X-Rays Gerede hatte." (S. 101)

____

____

____

4)
a) Welches sprachliche Gestaltungsmittel ist hauptsächlich im gesamten Textausschnitt enthalten?

b) Welche Wirkung wird durch dieses Gestaltungsmittel erzielt?

5) Suche aus den folgenden Angaben die deiner Meinung nach passendsten für Deo und X-Ray heraus. Begründe deine Wahl. Schreibe deine Ergebnisse in die entsprechenden Spalten der Tabelle.

gerissen – geschäftstüchtig – schlau – naiv – vertrauensvoll - unaufmerksam

	Eigenschaft	Begründung
Deo		
X-Ray		

6) Erläutere die folgende Textstelle:

„»Hörst du, was ich dir sage? Geschmeidig bleiben.«“ (S. 101))

7) X-Ray spielt im Handlungsverlauf eine wichtige Rolle. Stelle die Bedeutung X-Rays für das Geschehen in einem zusammenhängenden Text dar. Belege deine Ausführungen mit passenden Textstellen.

1) **„»Ich möchte Sie etwas fragen«, sagte sie, jetzt zum Polizisten gewandt. »Wäre die Bewegung ebenso bedrohlich gewesen, wenn er weiß gewesen wäre?«"** (S. 113)
Dieser Ausspruch der Bürgermeisterin von Austin weist darauf hin, dass in der Gesellschaft, in der die Romanhandlung spielt, rassistische Vorurteile bestehen. Stelle dar, welche Erfahrungen Deo mit diesen Vorurteilen macht. Belege deine Ausführungen mit Textstellen.

2) **„Detective Newberg schüttelte den Kopf. »Jetzt verstehe ich, warum Ihnen dieser Deo die falschen Karten verkaufen konnte. Sie sind einfach zu leichtgläubig.«"** (S. 186)
Während der Ermittlungen begegnet Detective Newberg Deo mit Respekt und Wohlwollen. Stelle ihr Verhalten und Deos Reaktion darauf in einem zusammenhängenden Text dar. Belege deine Ausführungen mit Textstellen.

3) **„»Als ich geboren wurde, hatte ich eine Blutung im Gehirn.«"** (S. 26)
Mit diesen Worten begegnet Ginny den Fragen der Leute nach ihrer Behinderung. Stelle in einem zusammenhängenden Text dar, welche Beeinträchtigungen diese Behinderung mit sich bringt und wie Ginny, Deo und die Umwelt damit umgehen. Belege deine Ausführungen mit Textstellen.

4) **„Deos Wirtschaftslehrer hatte der Klasse einmal die Geschichte von einem Esel erzählt, der genau zwischen zwei identischen Heuhaufen stand. Da er keinen Grund hatte, warum er den einen Heuhaufen dem anderen vorziehen sollte, blieb er dort in der Mitte stehen, bis er verhungert war."** (S. 205)
Stelle dar, warum sich Deo wie dieser Esel vorkommt und welche Unterschiede zwischen seiner Situation und der des Esels bestehen. Belege deine Ausführungen mit Textstellen.

5) **„Der Trick bestehe darin, kleine Schritte zu machen und nicht aufzugeben. Falls er versuche, zu große Schritte zu machen, werde ihm die Strömung die Füße unter dem Hintern wegreißen und ihn flussabwärts spülen."** (S. 10)
Stelle dar, wie sich im Handlungsverlauf zeigt, dass diese Worte der Sozialarbeiterin sich für Deos Leben als richtig erweisen. Belege deine Ausführungen mit Textstellen.

6) Verfasse eine literarische Charakteristik zu Deo. Belege deine Ausführungen mit Textstellen.

7) Stelle die Entwicklung der Beziehung von Deo und Kaira dar. Belege deine Ausführungen mit Textstellen.

8) Welche Rolle spielen die Eltern von Deo, Ginny und Kaira für das Selbstwertgefühl ihrer Kinder? Beantworte diese Frage in einem zusammenhängenden Text. Belege deine Ausführungen mit Textstellen.

9) Vergleiche Deo und X-Ray in einem zusammenhängenden Text . Berücksichtige dabei ihre Einstellungen und Handlungen. Belege deine Ausführungen mit Textstellen.

10) Vergleiche die Beziehung Deos zu Kaira mit seiner Freundschaft zu Ginny in einem zusammenhängenden Text . Berücksichtige dabei die Rolle, die beide Mädchen für Deos Lebensplan und sein Selbstwertgefühl spielen. Belege deine Ausführungen mit Textstellen.

Lösungen/Lösungsvorschläge zu den Aufgaben des Schülerheftes

I. Inhalt — ***SH 3-17***

Kapitel 1 (S. 7-11) — ***SH 3***

r – f – r – r – r – f - r

Kapitel 2 (S. 12-24) — ***SH 4***

Lückentext I: Lückenwörter:

Deo – X-Ray – Green Lake – Geld – Geschäft – Karten – Schwarzmarkt – Partner – 600 – Gewinn - gespart

> *Überschrift:* X-Rays Geschäftsvorschlag
> *Wörter/Wortgruppen:* Kumpel aus Green Lake – Konzertkarten/Kaira DeLeon – Schwarzmarkt

Lückentext II: Lückenwörter:

Kaira DeLeon – Atlanta – Freunde – Manager – Leibwächter – Kind – neidisch – Vater – Kissen

> *Überschrift:* Kaira DeLeon wird vorgestellt/Kaira DeLeons Leben
> *Wörter/Wortgruppen:* Tournee-Crew – Kaira kein Privatleben – keine Freunde – Tournee

Kapitel 3-4 (S. 25-39) — ***SH 5***

Teilsätze verbinden:

Deo wohnt mit seinen Eltern im Osten Austins, dem ärmeren Wohnviertel der Stadt, in der Wohnung neben einer weißen Frau und ihrer behinderten Tochter Ginny.
Deo und Ginny haben sich von Anfang an gut verstanden, da Ginny keine Angst vor ihm hat und er sie nicht bemitleidet.
Sie helfen sich gegenseitig: Deo hilft ihr bei den durch ihre Hirnschädigung bei der Geburt entstandenen Behinderungen, Ginny gibt seinem Leben einen Sinn, weil sie zu ihm hält.
Deos Vater traut seinem Sohn nicht, weil er ins Erziehungscamp geschickt worden ist und sein Bruder wegen Drogen im Gefängnis sitzt.
Deo muss sich anstrengen, um im Freien-Sprechen-Kurs und in Wirtschaftskunde die geforderten Leistungen zu erbringen.
Kaira DeLeon versucht währenddessen vergeblich, herauszubekommen, wie viel Geld sie besitzt.
Kaira plant, Veränderungen vorzunehmen, wenn sie 18 Jahre alt ist.

> *Überschrift:* Die Freundschaft zwischen Deo und Ginny
> *Wörter/Wortgruppen:* Kairas Plan/Das Leben von Deo und Kaira DeLeon

Kapitel 5-7 (S. 40-58) — ***SH 5***

Richtige Sätze ankreuzen:

- ☒ Der Vorverkauf für das Kaira-DeLeon-Konzert beginnt und Deo und X-Ray stehen Schlange vor den Kartenhäuschen.
- ☒ Als das Kaira-DeLeon-Lied „Fountain of Youth" gespielt wird, meint Deo seinen Namen im Lied zu hören.
- ☒ Deo und X-Ray werden von Felix, einem Schwarzmarkthändler, angesprochen, der ihnen die erstandenen Karten mit einen Aufpreis abkaufen will.
- ☒ Der Vorschlag wird abgelehnt.
- ☒ Deo besteht die Wirtschaftsprüfung und leiht sich von Ginny ein Stofftier für die Wahlkampfrede aus, die er für den Freien-Sprechen-Kurs vorbereiten soll.
- ☒ Deo stellt X-Ray zur Rede, weil dieser in der Zeitungsanzeige einen höheren Preis für die Karten angibt als die anderen Anbieter.
- ☒ X-Ray hat am Wochenende keine Karte verkauft.
- ☒ Deo will eine neue Anzeige mit niedrigerem Preis, X-Ray berichtet dagegen, er hätte ein Angebot.

Überschrift: Der Kartenhandel
Wörter/Wortgruppen: Vorverkauf – Schwarzmarkthändler – Wirtschaftsprüfung und Wahlkampfrede – Zeitungsanzeigen für Kartenverkauf

Kapitel 8-9 (S. 59-72) ***SH 6***

Sätze vervollständigen:
X-Ray berichtet zögernd, dass er die Karten nicht verkauft hat, weil der Käufer **nur einen Scheck bei sich gehabt hat.**
Für den Abend ist ein neues Treffen vereinbart und X-Ray bittet Deo mitzukommen, weil **die Typen kräftig/gefährlich aussehen.**
Deo sagt zu, obwohl er **für Wirtschaft lernen und seine Wahlkampfrede schreiben müsste.**
Der Verkauf kommt nicht zustande, weil X-Ray **sich merkwürdig/verdächtig benimmt und wegfährt, als das Auto endlich kommt.**
Deo ist sauer, das Konzert ist in vier Tagen und sie **haben noch keine Karte verkauft.**
Deo hält seine Wahlkampfrede mit mäßigem Erfolg, aber Tatiana **sagt ihm, dass sie für ihn stimmen will/seine Rede ganz süß fand.**
Für Deo selbst ist der Sieg nicht so wichtig, aber er **will Ginny damit eine Freude machen.**
X-Ray hat inzwischen vier Karten verkauft und **gibt Deo 530 Dollar.**

Überschrift: Probleme mit dem Kartenverkauf (und Deos Wahlkampfrede)
Wörter/Wortgruppen: Scheck – misslungenes Treffen – Wahlkampfrede Tatiana spricht Deo an – 530 Dollar

Kapitel 10 (S. 73-79) ***SH 6***

Richtigen Satz ankreuzen:
☒ Kaira erfährt durch die Bandmitglieder von dem Verhältnis zwischen El Genius und Aileen und zeigt ihr musikalisches Unwissen.

Überschrift: Busfahrt mit der Band
Wörter/Wortgruppen: Band – Verhältnis – Kairas Unwissen

Kapitel 11-14 (S. 80-102) ***SH 7***

Inhaltlich richtige Reihenfolge herstellen: **3 – 7 – 10 – 4 – 8 – 1 – 9 – 5 – 2 – 6**

Überschrift: Deos Konzerteinladungen
Wörter/Wortgruppen: verkaufte Karten – Einladungen – Absage

Kapitel 15 (S. 103-114) ***SH 7***

Anfang der Inhaltsangabe:
Deo führt Ginny, die sehr aufgeregt ist, vorsichtig zu ihren Plätzen. Vorher kaufen sie sich noch zwei Softdrinks in Kaira-DeLeon-Souvenirbechern und Popcorn.

Überschrift: Gefälschte Karten/Kairas Einladung
Wörter/Wortgruppen: Polizei – Deo Handschellen/Ginnys Krampfanfall– Bürgermeisterin – Kaira

Kapitel 16 (S. 115-130) ***SH 8***

Inhaltsangabe Zwischenteil 1:
Die beiden bekommen Tour-T-Shirts und zwei Souvenirbecher mit Sprudel. Als Kaira singt, ist Ginny wie gebannt und begeistert. Kaira hat heute ein besonderes Verhältnis zu ihrem Publikum, sie ist nicht distanziert. Ihre Verhaltensweisen sind nicht geplant wie sonst.

Inhaltsangabe Zwischenteil 2:
Er ist froh, dass Ginny so viel Spaß hat. Kaira stellt Deo und Ginny sogar dem Publikum als ihre Freunde vor und erzählt von den gefälschten Karten. Kaira singt Ginnys Lieblingslied ‚Red Alert'.

Überschrift: Ein besonderes Konzert
Wörter/Wortgruppen: hinter der Bühne – Kaira/Publikum – Kaira nennt Ginny/Deo Freunde – spontane Zugabe

Kapitel 17-18 (S. 131-144) ***SH 9***
Schluss der Inhaltsangabe:
Auf der Rückfahrt erfährt Deo, dass Ginny Kaira einen Tipp zu seinem Spitznamen gegeben hat. Deo zweifelt an einem Wiedersehen mit Kaira, Ginny dagegen ist überzeugt davon.

Überschrift: Unterhaltung über das Leben von Deo und Ginny/über das Leben von Kaira
Wörter/Wortgruppen: TV und Videospiele – Deos und Ginnys Freundschaft

Kapitel 19 (S. 145-156) ***SH 9***
Inhaltszusammenfassung nach Stichwörtern:

Kaira ruft Deo an und lädt ihn zum Frühstück ins Hotel ein.
Da Deo vergessen hat, unter welchem Namen Kaira im Hotel eingecheckt hat, findet er sie nur unter Schwierigkeiten.
Ohne Ginny ist die Unterhaltung nicht so leicht.
Erst als sie vor dem Leibwächter Fred auf die Terrasse flüchten, kommen sie sich näher.
Sie unterhalten sich über Deos ‚kleine Schritte' und die ‚großen Schritte' von Kaira im Showbusiness.
Kaira will den Spitznamen wissen und Deo stellt eine Bedingung.
In dieser Situation küssen sie sich beinahe, aber Fred greift ein.

Überschrift: Das Treffen im Hotel/Kairas und Deos ‚Date'
Wörter/Wortgruppen: Frühstück – auf der Terrasse – Bedingung für den Spitznamen – fast ein Kuss

Kapitel 20-22 (S. 157-174) ***SH 10***
Antworten:
Wie reagiert Deo auf das Treffen mit Kaira?
Er erzählt Ginny davon und muss die ganze Zeit daran denken, dass er Kaira fast geküsst hätte.
Warum sucht Detective Debbie Newberg Theodore Johnson (Deo) auf?
Sie stellt ihm viele Fragen zu den gefälschten Konzertkarten.
Wie reagiert Deo auf ihre Fragen?
Deo ist angespannt, lügt gezwungenermaßen, macht dabei Fehler, kann sich aber herausreden. Er erfindet eine Person namens Habib, den er als Iraner bezeichnet.
Wie reagiert X-Ray, als er über das ‚Verhör' informiert wird?
X-Ray spielt das Eingreifen der Polizei herunter und kritisiert Deos Angaben. Aber Deo ist überzeugt, dass Debbie Newberg ihm geglaubt hat.
Wie verhalten sich Deo und Ginny in der folgenden Zeit?
Sie verfolgen die Reiseroute Kairas. Deo denkt pausenlos an einen Anruf von Kaira, hat aber wenig Hoffnung. Er verhaut einen Test in Wirtschaft und macht Fehler bei der Arbeit.
Auf welche Prüfungen muss sich Deo vorbereiten?
Deo hat in acht Tagen Abschlussprüfung in Wirtschaft und Freitag in einer Woche die letzte Prüfung im Freien-Sprechen-Kurs.

Warum ruft Detective Newberg bei Deo an? Wie reagiert er?

Sie fragt, ob der Namen des Kartenverkäufers Felix oder Moses sein könnte und nennt auch die Namen X-Ray und Deo. Deo ist wieder gezwungen zu lügen.

Was schreibt Kaira in ihrem Brief?

Sie schreibt, dass sie schon viele Briefe an Deo geschrieben, aber nicht abgeschickt hat. Sie wünscht sich, er wäre bei ihr. Sie verrät ihm, dass er ihr Halt gibt und sie es bedauert, dass es nicht zu dem Kuss gekommen ist. Sie schreibt, dass sie beim Singen an ihn denkt und ihn sehr vermisst.

Überschrift: Deo wird verhört/Kairas Brief
Wörter/Wortgruppen: Detective Newberg/Fragen – Warten/Kairas Anruf – Schule/Misserfolg – Kairas Brief

Kapitel 23 (S. 175-187) ***SH 11***

Lückenwörter:

Verhör – X-Ray – Wahrheit – Angst – Felix – Deo – Wahrheit

Überschrift: X-Ray wird verhört
Wörter/Wortgruppen: Newberg/Bitte an Deo – X-Rays Lügen – Deos Lüge

Kapitel 24-25 (S. 188-197) ***SH 12***

Kairas Anruf:

Kaira warnt Deo vor dem peinlichen Brief, Deo meint, er habe ihm gefallen. Sie versichern sich gegenseitig, dass sie sich sehr vermissen.

Kairas Einladung:

Kaira lädt Deo für drei Tage nach San Francisco ein. Alles würde für ihn arrangiert werden.

Der Plan von El Genius:

El Genius hat Angst, dass er von Kaira gefeuert wird, wenn diese 18 Jahre alt ist. Dann würden seine Unterschlagungen entdeckt werden. Aber wenn jemand wie der wegen tätlichen Angriffs und Körperverletzung vorbestrafte Theodore Kaira tötete, könnte alles so weitergehen wie bisher. Er würde noch ein paar Jahre bei Kairas Mutter bleiben, sich dann scheiden lassen und mit Aileen leben.

Der Plan von Aileen:

Aileen will weder ihr Leben noch ihr Geld mit El Genius teilen. Mit seiner Hilfe hat sie fast drei Millionen Dollar von Kairas Konto abgezweigt. Sie will nicht in San Francisco sein, wenn der Plan ausgeführt wird, und hat sich ein Flugticket zur Flucht gebucht.

Überschrift: Pläne gegen Kaira
Wörter/Wortgruppen: Kairas Brief – Kaira lädt Deo ein – El Genius und Aileens Pläne gegen Kaira

Kapitel 26-28 (S. 198-212) ***SH 13***

Inhaltszusammenfassung mithilfe von Angaben:

Felix ist aufgebracht, da gefälschte Karten für ihn geschäftsschädigend sind, aber er will Deo und X-Ray nicht an die Polizei verraten, wenn Deo ihm Kairas Brief für 150 Dollar überlässt. Deo kann sich nicht sofort entscheiden.
Bei der Arbeit ist Deo erfolgreich und entdeckt den Grund für ein Leck im Bewässerungssystem. Dafür erhält er von seinem Chef Dunlevy eine Lohnerhöhung und eine Beförderung. Wie der Esel zwischen zwei Heuhaufen weiß Deo nicht, was er tun soll. Also tut er nichts. Er lernt nicht für seine Prüfung, er ruft Felix nicht an, erzählt den Eltern nichts von Kairas Einladung und teilt seinem Chef nicht mit, dass er am Wochenende keine Zeit für die Arbeit hat.
Nach einer schlaflosen Nacht hat sich Deo endlich entschieden und handelt. Er ruft Felix an und verspricht, ihm den Brief bald zu geben. Daraufhin wird er zusammengeschlagen, weil Felix sich nicht gern hinhalten lässt. Zu Hause

wartet schon der Fahrer, der ihn zum Flughafen bringen soll. Deo schreibt seinen Eltern eine kurze Nachricht und begibt sich auf den Weg nach San Francisco.

Überschrift: Eine schwere Entscheidung/Kairas Brief oder Verrat an die Polizei
Wörter/Wortgruppen: Geschäftsschädigung – Kairas Brief – Deos Entscheidungsunfähigkeit – Deo zusammengeschlagen – Flug nach San Francisco

Kapitel 29-32 (S. 213-234) ***SH 14***
Richtige Reihenfolge:
7 – 5 – 2 – 8 – 1 – 4 – 6 – 3

Überschrift: Zusammensein und Missverständnis
Wörter/Wortgruppen: Zusammensein/Ausflug in die Stadt – falsche Beweise – Missverständnis

Kapitel 33-34 (S. 235-247) ***SH 15***
Sätze vervollständigen:
Kaira ist enttäuscht, weil sie überzeugt davon ist, dass **nie jemand sie so mögen würde, wie sie ist.**
El Genius schleicht sich in Kairas Suite und versucht, **seine Stieftochter mit dem Baseballschläger zu töten.**
Kaira wehrt sich, es kommt zum Kampf und Fred **stürzt sich auf El Genius, um Kaira zu schützen.**
Inzwischen ist Deo ins Hotel zurückgekehrt, will zu Kaira, um ihr zu sagen, **dass er den Brief nicht haben will.**
Er kommt gerade noch rechtzeitig, um El Genius niederzuschlagen, wobei er **sich einen Arm bricht.**
Kaira und Fred werden ins Krankenhaus gebracht, El Genius **wird in Handschellen abgeführt.**
Vorher hat Fred noch Gelegenheit gehabt, Deos **Unschuld zu bezeugen.**
Deo nimmt an, dass alle ihn für den Angreifer halten, aber **niemand zweifelt an seiner Darstellung des Geschehens.**
Im folgenden Durcheinander weiß niemand genau, was zu tun ist, wohin man gehen soll und **wer die Rechnungen bezahlt.**
Deo nimmt sich ein Taxi zum Flughafen, wo er **seinen Flug umbucht und direkt nach Hause fliegt.**
Zu Hause in Austin angekommen, stürzen sich die Medien auf Deo, da die Zeitungen **über das Geschehen in San Francisco berichten und Deo als Held feiern.**
Deo weiß nicht, wie es Kaira geht und hört nichts von ihr, stattdessen erscheint **Detective Newberg und informiert Deo, dass das Verfahren um die gefälschten Karten eingestellt worden ist.**
Es wird klar, dass sie weiß, dass **Theodore Deo ist.**
Inzwischen ist Kaira wieder bei Bewusstsein und bedankt sich **bei Fred für ihre Rettung.**

Überschrift: Der verhinderte Mordanschlag
Wörter/Wortgruppen: El Genius' Angriff – Freds Eingreifen – Held Deo – Verfahren eingestellt

Kapitel 35-36 (S. 248-255) ***SH 16***
r – f – r – f – r –f – r - r

Überschrift: Zukunftspläne/Entwicklung zur Reife
Wörter/Wortgruppen: verlorene Stimme/veränderte Stimme – kleine Schritte – Kaira und Deo?

Kreuzworträtsel

SH 17

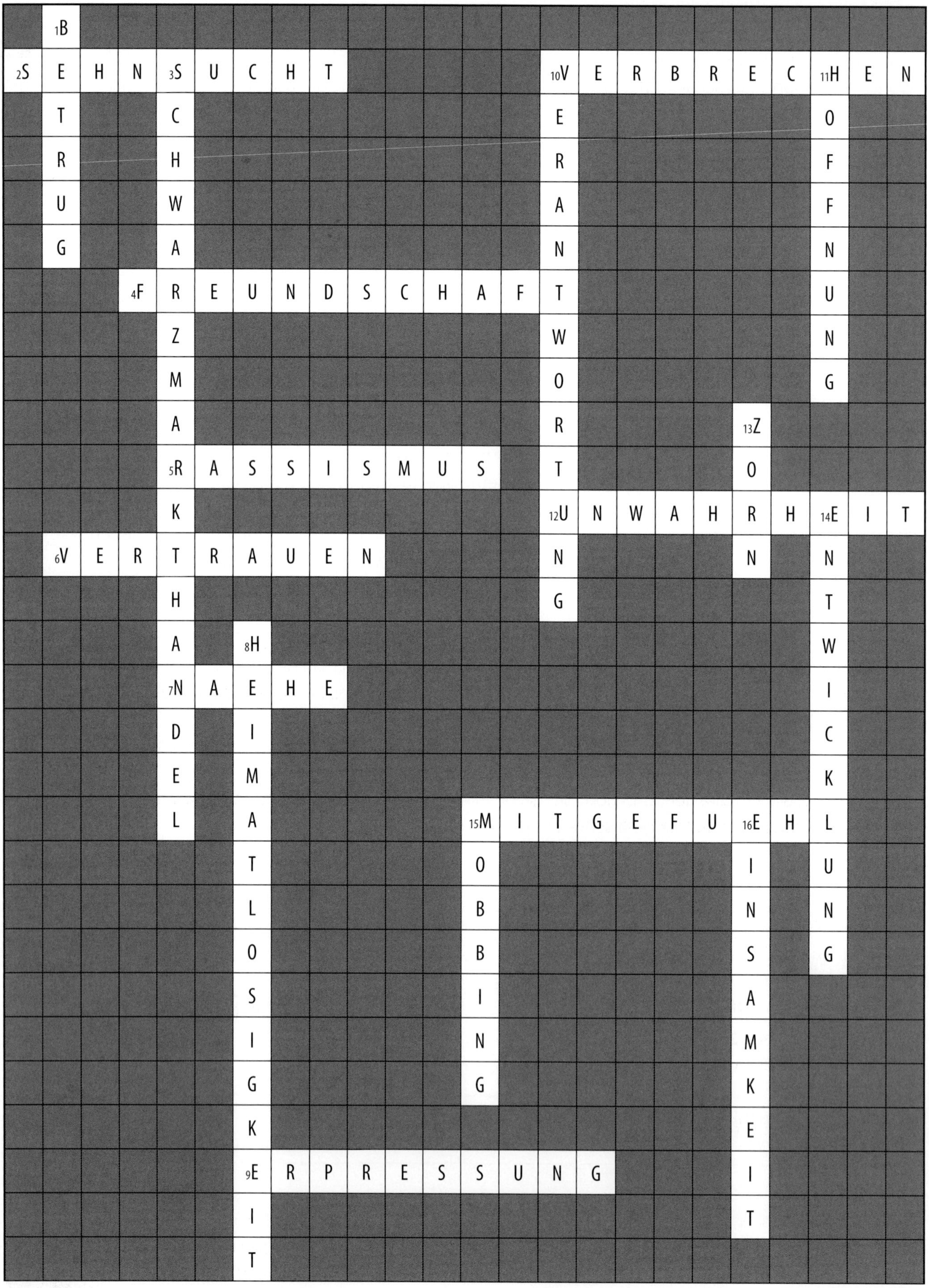

II. Handlungsträger – Theodore Johnson (Deo) *SH 18-21*

Aufgabe 1 ***SH 18***

Steckbrief zu Deo

Name: Theodore Johnson
Staatsangehörigkeit: US-Amerikaner
Familienmitglieder: Vater, Mutter, älterer Bruder (im Gefängnis wegen Drogen), ältere Schwester (verheiratet)
Wohnort (mit Stadtteil): im Osten von Austin (ärmerer Stadtteil)
Schulbildung: will High-School-Abschluss nachholen
Berufstätigkeit: Job bei Raincreek (Bewässerung und Landschaftsbau)
Vorstrafe: Jugendbesserungsanstalt Camp Green Lake wegen schwerer Körperverletzung
Aussehen: schwarze Hautfarbe, groß, breite Schultern, muskulöse Arme, schlank

Aufgabe 2 ***SH 18***

b) *Adjektive ergänzen, indirekte Charakterisierung*
hartnäckig/ideenreich – mitfühlend – liebevoll – verantwortungsbewusst – realistisch/pessimistisch – gerecht/selbstkritisch – fleißig/anstrengungsbereit – sensibel/zartfühlend – sparsam/bescheiden – neugierig – humorvoll – mutig – zurückhaltend/scheu

c) *Direkte Charakterisierungen*
S. 93: gefährlich
S. 142/143: kein guter Lügner, schuldbewusst
S. 186: ehrlich
S. 190: clever
S. 228: wundervoll

Aufgabe 3 ***SH 19***

Deos Kompetenzen:

- Problemlösefähigkeit, Zuverlässigkeit, Genauigkeit, Flexibilität, Kreativität, Selbstständigkeit beim Arbeiten, Ergebnisorientierung (Job)
- Kommunikationsfähigkeit (Besprechung mit Mr Dunlevy über die Arbeit)
- Teamfähigkeit (Mr Dunlevy traut ihm eine eigene Truppe zu)
- Lernbereitschaft, Belastbarkeit, Zielstrebigkeit, Motivation und Leistungsbereitschaft (High-School-Abschluss, Freies-Sprechen-Kurs, nebenher Job)

Aufgabe 4 ***SH 20***

a) Die Bürgermeisterin Cherry Lane **bewundert ihn, weil er nach dem Aufenthalt im Camp sein Leben wieder in den Griff bekommen hat.**
Deos Eltern **verhalten sich misstrauisch gegenüber Deo (aus Sorge, er könnte wie sein Bruder mit Drogen zu tun haben).**
Ginnys Mutter **vertraut Deo und ist froh über seine Freundschaft zu ihrer Tochter Ginny, weil er ihr guttut.**
Detective Newberg **hält ihn für ehrlich.**
Mr Dunlevy **schätzt Deos selbstständiges Denken und Handeln.**

II. Handlungsträger Kaira DeLeon (Kaira Spears) *SH 21-23*

Aufgabe 1 ***SH 21***

Bericht – Erwartete Inhalte:
DeLeon = Künstlername – richtiger Name: Spears – 16 Jahre alt – Vater im Irak umgekommen – Mutter (alkoholabhängig) lebt mit Manager und Finanzberater zusammen (El Genius) – Leibwächter Fred – immer auf Tournee/in Hotels – keine Freunde - kein Privatleben – keine Abwechslung –

TV/Videospiele – Liederthemen: Sehnsucht, Liebe/Sex, Erfolg, Einsamkeit/seelische Not (Mädchen in Not), Hoffnung auf einen ‚Retter', unschuldiges, gefährliches Mädchen, zorniger Junge, frustrierte Hausfrau, trauriger Clown

Aufgabe 2 ***SH 22***

Auswahl von Adjektiven mit Begründungsmöglichkeiten
oberflächlich: mögliche Wirkung auf Menschen, die sie nicht kennen
impulsiv: Zugehen auf Ginny und Deo
spontan: Änderung des Konzertablaufes
neugierig: Fragen über Ginnys und Deos Leben
naiv: den wahren Motiven El Genius' und Aileens gegenüber – Freundschaft/Beziehung gegenüber
ehrlich: Deo gegenüber – keine Verstellung in ihrem Verhalten
einfühlsam: Ginny gegenüber
mitleidig: Ginny und Deo gegenüber nach dem Vorfall im Konzert
ungerecht: Reaktion auf Deos Bitte um einen weiteren Brief – Fred gegenüber
verschwenderisch: Einkaufen für Deo
lebensuntüchtig: keine Erfahrung mit einem normalen Lebensalltag und seinen Anforderungen
ideenreich: Verhalten Deo, Ginny gegenüber – Veränderung des Konzertablaufes – Flucht vor Fred
willensstark: Durchsetzen der Wiedersehen mit Deo

Aufgabe 3 ***SH 22***

Informationen über Kaira durch Liedtexte:

Textstellen aus den Liedern	Informationen über Kaira
„Ich hör ein W-W-Warnsignal, Wenn du kommst, j-j-jedes Mal. N-Nimmst du mich nur einmal wahr, Bin ich auch schon in Gefahr." (S. 22)	Sehnsucht nach Liebe: Vorstellung der aufgeregten Gefühle bei der Begegnung
„Der Schmuck, die Schuhe, dieses Kleid. Der größte Erfolg dieser Zeit. Nie kämst du drauf, Denn, oh, ich bin ein Mädchen in Not." (S. 191)	Täuschung: Äußerlichkeiten und Erfolg Wirklichkeit: Gefühl der seelischen Not
„Ich bin keins von den Mädchen, die gerne … Ruhe geben. Nein, ich gehöre zu denen, die lieber … Was erleben." (S. 84)	Wunsch: Abenteuer des Lebens (kein beschauliches Dasein)
„Ihr habt gehört, sie's frech, Sie ist wild wie der Wind. Ihr habt gehört, sie's einfach Ein süßes, unschuldiges Kind!" (S. 118)	Charakterisierung: wild, frech, unschuldig, süß (Kind)
„Komm noch ein Stück näher, Ich bin nicht getarnt. Nein, ich bin das Mädchen, Vor dem man euch warnt!" (S. 120)	Charakterisierung: nicht im Verborgenen, nicht undurchschaubar, sondern gefährlich

Aufgabe 4 ***SH 23***

a) *Liedthemen:*

S. 121/122: Text über zornigen Jungen
S. 124: Text über das triste Leben einer frustrierten Hausfrau
S. 125/126: im Leben nur in die Zukunft sehen und nicht zurückschauen

b) *Charakterisierung durch diese Themen:*
Nicht nur auf sich selbst konzentriert: Blick über sich selbst hinaus auf die Probleme anderer Menschen.

Aufgabe 5
a) Charakterisierung Deos:
Siehe Antworten Handlungsträger Deo, S. 7

b) Charakterisierung Kairas
Siehe Antworten Handlungsträger Kaira, S. 8

III. LEBENSRÄUME – DEOS WELT *SH 24-28*

Aufgabe 1 *SH 24*

a) *Unterstreichungen im Infotext US-Gesellschaft:*
Arbeiter bis Hilfsarbeiter (Ungelernte) – kaum Chancen auf Besitz und Vermögen – nur 75% der schwarzen Bevölkerung erwirbt einen High-School-Abschluss – *das Zitat (Kursivschrift)*

b) *Soziale Schicht:*
Arbeiterklasse (working class): Vater: Zählerableser für Stromfirma, Verteilung der Aufträge über Funk in einer Taxizentrale – Mutter: an der Kasse eines Supermarktes – Deo: Jobben neben der High School als ungelernter Arbeiter

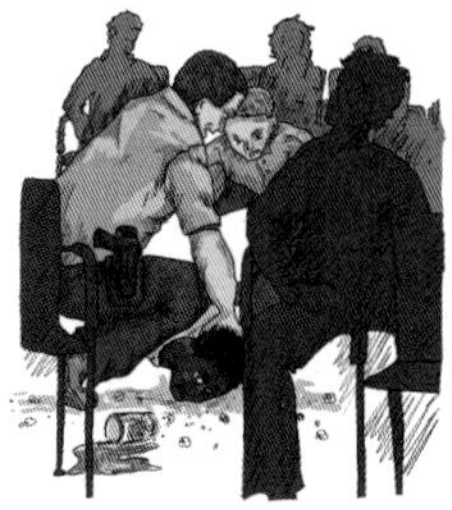

Aufgabe 2a – Hinweise auf Rassismus *SH 25*

Textstellen	Erklärung
„Die Sozialarbeiterin erklärte ihm, dass die Rückfallquote schwarzer Jugendlicher bei dreiundsiebzig Prozent liege." (S. 10)	Rassismus beeinflusst die Zugangschancen zu Bildungsmöglichkeiten
„Die endlosen Schlangen von Personenwagen und Trucks zerteilten Austin in zwei Hälften, und das nicht nur geografisch, sondern auch, was den Wohlstand und, bis zu einem gewissen Grad, die Hautfarbe anging." (S. 25)	Rassismus mitverantwortlich für die Zuordnung der Wohngegend für die schwarze Bevölkerung.
„Ihm fiel eine Frau auf, die vom Parkplatz vor dem ‚Stop&Shop' zu ihnen herübersah. Er fragte sich, ob sie irgendwas dachte, weil er mit einem kleinen weißen Mädchen sprach. Dachte sie, dass sie Drogen nahmen?" (S. 60)	Vorurteile gegenüber der schwarzen Bevölkerung, was den Konsum und das Dealen mit Drogen betrifft.
„»Ich möchte Sie etwas fragen«, sagte sie, jetzt zu dem Polizisten gewandt. »Wäre die Bewegung ebenso bedrohlich gewesen, wenn er weiß gewesen wäre?«" (S. 113)	Vorurteile gegenüber der schwarzen Bevölkerung (vornehmlich der männlichen), was die Bereitschaft zur Gewalt betrifft.
„Weil Ginny ein weißes Mädchen war und Deo schwarz und so viel älter, hatte sie angenommen, dass er für ihre Familie arbeitete." (S. 115)	Angehörige der schwarzen Bevölkerung werden auch als Dienstboten der Weißen eingestuft.
„»Es ist unbeschreiblich!«, sagte Ginny, und alles jubelte zustimmend. »Und dir?«, fragte Kaira und hielt jetzt auch Deo das Mikro hin. [...] Diesmal jubelte keiner." (S. 127)	Unterschiedliches Publikumsverhalten gegenüber Ginny und Deo deutet auf rassistischen Hintergrund.
„Der Vater stellte sich schützend vor seine Töchter. Er hätte die Familie sicher möglichst schnell an Deo vorbeigescheucht, aber die Mutter blieb stehen." (S. 146)	Vorurteil des Vaters gegenüber dem Schwarzamerikaner: Schutz der Tochter notwendig.
„Die Hautfarbe war normalerweise ein sicherer Anhaltspunkt dafür, zu welcher Seite des Hauses ein Besucher wollte, [...]." (S. 158-159)	Klassifizierung durch die Hautfarbe deutet auf Rassismus.

b) *Einfluss der Hautfarbe auf Deos Selbstwertgefühl*

Zwei Antwortmöglichkeiten:

Große Rolle: Bewusstsein und Erfahrungen, dass er als „Schwarzer" beurteilt und behandelt wird.

Geringere Rolle: macht sein Selbstwertgefühl eher abhängig von seinen Leistungen als von der Hautfarbe und wie er beurteilt wird.

Aufgabe 3 **SH 26**

	DEO	X-RAY
Welche Konsequenzen haben die beiden aus ihrem Aufenthalt im Erziehungscamp gezogen?	• genaue Lebensplanung (High-School-Abschluss, Ausbildung) • keine Aktionen, die ihn mit Polizei in Konflikt bringen	• Leichtsinn gegenüber Gesetzesübertretungen • in den Tag hinein leben
Welche Einstellung haben die beiden zum Geld und Geldverdienen?	• Geld ehrlich verdienen • Job neben der Schule • Sparsamkeit	• Aufspüren günstiger Gelegenheiten, um Geld zu verdienen • Schwarzmarkthandel
Wie gehen die beiden mit der Wahrheit um?	• möchte die Wahrheit sagen • Gewissensbisse Detective Newberg anzulügen	• keine Probleme mit der Unwahrheit
Wie zeigt sich bei beiden ihre Verbundenheit?	• verrät X-Ray nicht an die Polizei • Bitte um 2. Brief Kairas, um X-Ray vor Felix' Verrat zu schützen	• teilt Gewinn, nutzt Deo nicht aus • verrät Deo nicht an die Polizei

Aufgabe 4 **SH 26**

a) *Informationen zu Deo und Ginny*

Deo: schwarze Hautfarbe, groß/stark, gesund, kein Vertrauensverhältnis zu seinen Eltern, hat Geschwister, vorbestraft

Ginny: weiße Hautfarbe, lebt nur mit der Mutter, vertrautes Verhältnis, Einzelkind, zu klein und dünn für ihr Alter, zehn Jahre alt, Behinderung, dicke Brillengläser

b) *Deos und Ginnys Erfahrungen*

Deo: Menschen (vor allem weiße) distanzieren sich von ihm, weichen ihm aus, halten ihn für bedrohlich – Eltern misstrauen ihm, halten es für möglich, dass er mit Drogen zu tun hat.

Ginny: Nachbarkinder nennen sie „Spasti" und „zurückgeblieben" – Vater hat die Familie verlassen, weil er mit ihrer Behinderung nicht zurechtgekommen ist.

c) *Erläuterung von Textstellen:*

„Sie hatte keine Angst vor ihm, und er bemitleidete sie nicht." (S. 27)

Sie verhalten sich unverkrampft zueinander wie Menschen, die keine Vorurteile über den anderen haben.

„Deo half ihr sehr, aber sie half ihm noch mehr. Sie gab seinem Leben einen Sinn. Zum ersten Mal gab es jemanden, der zu ihm aufsah und dem er wichtig war." (S. 27)

Deo hilft Ginny durch Unterstützen ihrer Bewegungsfähigkeit, durch Interesse an ihrer Welt, durch Respekt. Ginny hilft ihm, weil sie ihn spüren lässt, dass sie ihn achtet und dass er ihr viel bedeutet.

Aufgabe 5 *SH 27*

Deo – Ginny: Freundin/vertraut ihm
Deo – Mr Dunlevy: Arbeitgeber/schätzt seine Zuverlässigkeit und sein Können
Deo – X-Ray: Kumpel/verleitet ihn zu riskanten Geschäften
Deo – Detective: Polizei-Zeuge/hält ihn für ehrlich
Deo – Cherry Lane: Bürgermeisterin/respektiert ihn und setzt sich für ihn ein
Deo – Mr und Mrs Johnson: Eltern/vertrauen ihm nicht
X-Ray – Mrs Newberg: Polizei-Verdächtiger/ermittelt wegen gefälschter Karten

III. LEBENSRÄUME – KAIRAS WELT *SH 29-34*

Aufgabe 1 *SH 30*

b) *Kaira und ihr Leben – zutreffende Aussagen*
- von Geschäftemachern ausgenutzt
- kein normales Leben mit Familie, Freunden, Unternehmungen, Schule
- Vermarktung in ihrem Image, das sie für das Publikum hat
- Tage ausgefüllt mit Karriere-Pflege
- Gefahr zu vereinsamen

Aufgabe 2 *SH 31*

a) *Gedanken im Widerspruch zu Äußerungen*

El Genius: möglichst viel Geld zur Seite schaffen – Kaira soll viel Geld einbringen – Angst vor der Entdeckung, wenn Kaira 18 ist.
Aileen: El Genius ist selbstverliebter Größenwahnsinniger – vorgesorgt: Geld auf Konto – Leben in Luxus ohne El Genius geplant.

b) *Erläuterung einer Textstelle*

„Sosehr sie es hasste, es zuzugeben, die traurige Wahrheit war, dass sie, Kaira, El Genius brauchte. Trotz all ihrer Wutanfälle wusste sie insgeheim, dass sie ihn niemals feuern würde. Ohne ihn wäre sie verloren." (S. 197)
Kaira hat keinen Schulabschluss, keine Ausbildung in einem anderen Beruf, ist also auf ihre Karriere als Sängerin angewiesen. Sie ist nicht in der Lage, diese Karriere aufzubauen und zu halten, da sie weder die Kenntnisse noch die Fähigkeiten hat, das zu leisten. So ist sie auf das Management des El Genius angewiesen.

Aufgabe 4 *SH 34*

a)

	Erklärung	Textstelle	Kairas Verhalten	Textstelle
Cotton	• will Kaira vor der Wahrheit schützen • Sympathie für sie	S. 76: „»Halt dich da raus«, sagte Cotton." S. 136: „»War schön, dich kennen zu lernen.«"	• möchte ihn nicht im Team verlieren	S. 136: „»Sobald ich achtzehn bin, fliegt er raus! Dann rufe ich dich an.«"
Fred	• nimmt Verantwortung für Kaira ernst • setzt sich ein ohne Rücksicht auf eigene Verletzungen	S. 156: „»Das ist mein Job, Miss DeLeon«, sagte eine Stimme hinter ihr." S. 238: „Der Schläger schlug hart gegen Freds Brustkorb, aber Fred ließ sich nicht aufhalten."	• ist wütend auf Fred • Dank und Entschuldigung	S. 173: „Ich bin so absolut sauer, dass Dr. Idiot plötzlich auftauchen musste." S. 246: „»Danke, dass du dein Leben für mich riskierst hast.«" S. 247: „»Tut mir leid, dass ich so ein Idiot war«, sagte Kaira."

b) *Gründe für Kairas Verhalten*

Cotton: Kaira fühlt sich von ihm angenommen, er ist eines der wenigen Crew-Mitglieder, die ihr Sympathie entgegenbringen, er bringt sie zum Lachen.

Fred: 1. Kaira fühlt sich nie allein, immer bewacht von Fred, will ihm entfliehen
2. Kaira erkennt, dass Fred auf ihrer Seite war und ist.

IV. BEGEGNUNGEN *SH 35-41*

STATIONEN DER BEGEGNUNGEN *SH 35*

Aufgabe 1

a)

Kap. 15-17: persönliche Begegnung
Kap. 18: Anruf
Kap. 19: persönliche Begegnung
Kap. 22: Brief
Kap. 24: Anruf
Kap. 29-33: persönliche Begegnung
Kap. 36: Liedtext

b) *Überschriften und Zusammenfassungen*

1. Begegnung	2. Begegnung	3. Begegnung
Überschrift: **Kennenlernen**	Überschrift: **Näherkommen**	Überschrift: **Missverständnis**
Zusammenfassung: **gefälschte Karten** **Kairas Einmischen** **hinter der Bühne** **Gespräch mit Kaira**	Zusammenfassung: **Frühstück im Hotel** **schwierige Unterhaltung** **Flucht vor Fred** **fast ein Kuss**	Zusammenfassung: **Fred abhängen** **Stadtbummel in San Francisco** **Bitte um den Brief und** **Kairas Missverstehen/Bruch** **Rettung Kairas vor El Genius**

c) *Schaubild wählen*

1. Schaubild: bringt die Begegnungen in einen Zusammenhang, in eine Abhängigkeit voneinander
2. Schaubild: veranschaulicht nur die Reihenfolge der Begegnungen

HOFFNUNGSBILDER *SH 36*

Aufgabe 2

a) *Mögliche Inhalte für den inneren Monolog Kairas/Stichwortliste*

Gefühl der Einsamkeit/Hoffnung auf Befreiung

- Wut auf ihr Leben (Karriere statt Leben, Langeweile, muss funktionieren, fühlt sich ausgenutzt, keine Freunde, misstraut Manager El Genius, vermisst Zuwendung der Menschen, die sie umgeben)
- Vorstellung der Veränderung ihres Lebens durch Deo
- Sehnsucht nach Deo
- Deo statt Märchenprinz beim Singen
- Hoffnung auf Menschen, der nicht nur ihr Geld will
- Hoffnung auf Freundschaft/Liebe/Beschütztsein/gemeinsame Unternehmungen
- Bewunderung der Freundschaft zwischen Deo und Ginny
- möchte ihre Gefühle in Ordnung bringen
- Zweifel an der Erfüllung ihrer Hoffnungen

b) *Erläuterung der Einstellung Deos zu Kaira mithilfe von Textstellen*

„Wie oft in deinem Leben bekommst du die Chance, ein Mädchen wie Kaira DeLeon zu küssen? Seit Fred so plötzlich aufgetaucht war, hatte er an nichts anderes mehr denken können." (S. 157)

- sieht die Chance auf einen Kuss als ganz besondere Chance an
- ist in Kairas „Bann"

„»Ja, wirklich. Ich habe versucht, dich nicht zu sehr zu vermissen, weil ich nie gedacht hätte, wieder von dir zu hören, aber dann kam dein Brief, und jetzt bist du am Telefon ... Deine Stimme geht mir echt unter die Haut.«" (S. 191)

- hat Sehnsucht nach Kaira
- versucht sie zu unterdrücken
- keine Hoffnung auf Wiedersehen
- körperliche Anziehung

„Aber als sich Deo und Kaira bei der Pagode in der Grant Avenue küssten, hatten sie das Gefühl, allein auf der Welt zu sein." (S. 223)

- verliebt
- in ihrer eigenen Welt

„Er hatte gedacht, dass er wirklich in sie verliebt sei, aber was wusste er schon? Es war noch nicht lange her, da war es das Gleiche mit Tatiana gewesen. In Wirklichkeit könnte die Hälfte der Mädchen aus der Schule sein Herz erobern. So viel brauchte es dafür nicht. Einfach nur ein Lächeln." (S.233)

- ernüchtert
- erkennt, dass er auch für andere Mädchen so fühlen könnte

„Deo lächelte, obwohl ihm ein riesiger Kloß in der Kehle saß." (S. 252)

- angerührt von Kaira
- nahe den Tränen

„[...] Das Lied konnte alles und nichts bedeuten. [...] Er war einfach glücklich, sie wieder singen zu hören. [...]
Er konnte sein Leben sowieso nicht ganz auf Kaira DeLeon ausrichten. Er musste seinen eigenen Weg gehen, seine eigenen kleinen Schritte machen [...]" (S. 254-255)

- realistisches Einschätzen des Liedtextes
- glücklich, Kaira zu hören
- fühlt sich ihr verbunden
- weiß, dass er eigenes Leben führen muss

MISSVERSTEHEN *SH 38*

Aufgabe 3

a) *Gedanken*

Deo: versteht Kairas Reaktion nicht, fühlt sich ungerecht beurteilt, ist nicht auf ihr Geld aus, will nur X-Ray und auch sich schützen vor Fred und seinem Verrat an die Polizei.
Kaira: sehr enttäuscht, verletzt, sieht aufgrund ihrer bisherigen Erfahrungen Deo auch als jemanden, der sie nur ausnutzen will, versteht nicht, was Deo ihr sagen wollte.

b) *Warum reagiert Kaira so heftig auf Deos Bitte?*

- sieht sich um ihre Hoffnungen betrogen
- meinte in Deo endlich einen Menschen gefunden zu haben, der sie und nicht ihr Geld meint
- fühlt sich von ihm getäuscht

c) *Was sagt dieses Missverständnis über die Beziehung von Deo und Kaira aus?*

- Beziehung nicht gefestigt
- Vertrauen nicht ausreichend
- kennen sich nicht wirklich

EINSICHTEN ***SH 39***

Aufgabe 4

Gespräch zwischen Deo und Kaira in Dialogform (mögliche Ergebnisse)

Gesprächsanlass:
- Beziehung klären
- Möglichkeiten diskutieren

Gesprächssituation:
- erste Begegnung nach dem Geschehen in San Francisco
- Wiedersehen nach dem Missverständnis

Gefühlslagen:

Deo:
- hoffnungsvoll und zweifelnd
- will eigenes Leben nicht völlig auf Kaira ausrichten

Kaira:
- hoffnungsvoll und zweifelnd
- will Deo nicht verlieren
- sucht nach einem möglichen Weg

Gesprächsinhalte:
- ihre drei Begegnungen (Sympathie/Begeisterung – Näherkommen/Kuss – Zusammensein/Missverständnis)
- Kairas Initiativen (Anrufe/Brief/Einladungen)
- Deos Warten
- jeweilige Hoffnungen, Erwartungen, Gefühle
- Geschehen um den und nach dem Mordanschlag
- Wiederaufnehmen des jeweiligen eigenen Lebens (Fünf-Schritte-Plan/Konzerte nach eigenen Vorstellungen)
- Momentane Gefühle/Erwartungen

Gesprächsziel:
- einander verstehen
- Situation klären
- Chance der Beziehung

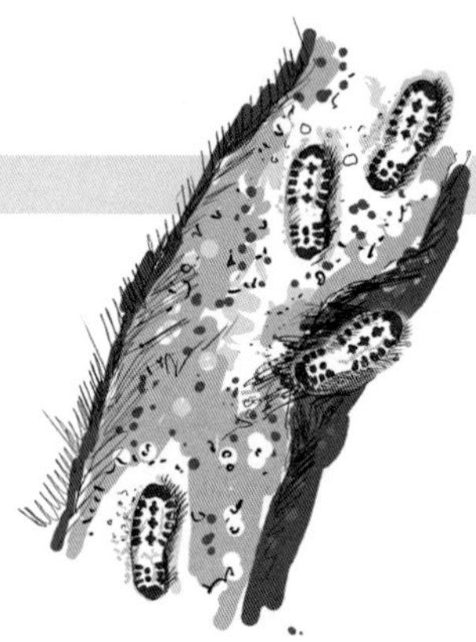

V. GROSSE UND KLEINE SCHRITTE ***SH 42-45***

DER PLAN DER KLEINEN SCHRITTE

Aufgabe 1 und 2 ***SH 42***

individuelle Lösungen

DIE (ZU) GROSSEN SCHRITTE

Aufgabe 3 ***SH 43***

Handlungszusammenhang erklären

Deo denkt nicht mehr an seinen Fünf-Schritte-Plan, der realistisch für seine Zukunft war. Er meint, durch die Verbindung mit Kaira das alles nicht mehr nötig zu haben, sondern direkt, ohne Mühen, ein gesichertes und luxuriöses Leben zu erreichen.

Aufgabe 4 ***SH 44***

a) *Merkmale der Freundschaft*

mögliche Angaben:
- Ehrlichkeit
- gegenseitiges Vertrauen
- Verantwortung füreinander
- Verständnis füreinander
- gemeinsam Zeit verbringen/ gemeinsame Unternehmungen
- notwendige Kritik äußern und annehmen

b) *Erklärung von Kairas zu großem Schritt*
- Vertrauen noch nicht gewachsen
- Verantwortung füreinander nicht bedacht
- Verständnis für die Absicht des anderen nicht vorhanden
- kaum gemeinsame Unternehmungen
- zu schnell von Freundschaft gesprochen
- Freundschaft konnte sich noch nicht entwickeln

c) S. 126: „»Hier sind meine Freunde Ginny und [...] Theodore.«"
S. 228: „»Und das ist mein Freund Theodore.«"

d) *Kairas Umgang mit der Bezeichnung ‚Freundschaft' im Gegensatz zu Freundschaften auf Facebook*

Gemeinsamkeiten:
- unüberlegt den Begriff Freundschaft benutzt
- zu schnell von Freundschaft gesprochen
- kein wirkliches Kennen

Unterschiede:
- persönliches Begegnen
- keine Möglichkeit, Aussehen oder Angaben zur Person zu schönen

VI. FORMALE TEXTMERKMALE *SH 46-51*

ERZÄHLPERSPEKTIVE *SH 46*

Aufgabe 1

Textstellen angeben

Wissen über die Gedanken der Figuren (S. 16)

„Polly, ihre Analytikerin [...] weitergab"

Wissen über die Gefühle der Figuren (S. 34)

„Der Freies-Sprechen-Kurs [...] vorbereitet hatte."

Wissen über das Geschehen (S. 7)

„Den hatten sie ihm [...] fürchterlich."

Aufgabe 2

Erzähler bestimmen

auktorialer Erzähler

ERZÄHLSTRÄNGE *SH 48*

Aufgabe 1

Handlungsaufbau beschreiben

Zwei Erzählstränge: Deo/Kaira

Zusammenführung in einem dritten Erzählstrang: Deo und Kaira

Aufgabe 2

Figur im Mittelpunkt

Deo: 1. Größter Textanteil
   2. Rahmen: Deo am Anfang und am Ende des Romans

SPRACHE UND STIL ***SH 49-50***

Aufgabe 1

Sprachstufen zuordnen/mit Beispielen belegen

S. 7-8:

Sprachstufen: 1. Standardsprache 2. Umgangssprache

Beispiele: 1. „Wieder einmal hielt Deo eine Schaufel in der Hand, aber diesmal bekam er Geld dafür."
(vorwiegende Sprachstufe im Roman) 2. „Buddelte, pitschnass, verpasst"

S. 12-13:

Sprachstufen: 1. Standardsprache 2. Umgangssprache

Beispiele: 1. „Deo hatte seine Gräben fertig ausgehoben und verlegte ein PCB-Rohr." 2. „»Ich hab schon so viel Dreck geschippt, das reicht für'n ganzes Leben«, sagte X-Ray." (S. 12) „»Echt gute Kohle«, wiederholte X-Ray." (S. 13)

Sachar benutzt die Sprachformen 3 und 4 so gut wie nicht.

Aufgabe 2

a) *Satzbaupläne bestimmen*

Satzreihe (HS – HS)

Satzgefüge (HS – NS)

Einfacher Hauptsatz

b) ☒ Diese Sätze sind leicht zu verstehen.

Begründung: nicht zu lang, nicht kompliziert, nicht verschachtelt

Aufgabe 3

a) *Ellipsen in der wörtlichen Rede*

Bezug zu den Informationen des vorhergehenden Satzes, müssen zum Verständnis nicht wiederholt werden

b) *Mögliches Beispiel*

„»Also mal ehrlich, wie viel hast du schon zusammengespart?«
»Ich weiß nicht. Nicht so viel.«" (S. 13)

Aufgabe 4

a) *Stottern aus der Situation erklären*

1) „»Und ich k-konnte noch nicht mal die F-Felder ausm-malen.«" (S. 91)
Erinnerung (Vorstellung/erneutes Erleben) der Situation bringt die damalige Aufregung wieder. Unter diesem Stress fängt Ginny an zu stottern.

2) „»Er ist w-w-wegen mir w-weg. W-wegen meiner Beh-hinderung.«" (S. 95)
Durch den Schock, ausgelöst durch die Informationen über das Verhalten des Vaters, gerät Ginny in großen emotionalen Stress, der das Stottern auslöst.

b) Die im Lied geschilderte Aufregung wird hier in der Wirkung verstärkt durch das Stottern. Stottern als Mittel der Veranschaulichung, der Herstellung von Realitätsnähe.

SYMBOLIK ***SH 51***

Aufgabe 5

Bedeutung der Symbole

a) Erinnerung an ihren Vater: Beschützer, Begleiter. Kissen als Symbol für Geborgenheit, Schutz gegen Einsamkeit.

b) Tiere haben wie Ginny eine Behinderung. Sie ist mit ihren Tieren keine Außenseiterin. Fähigkeiten der Tiere weisen darauf hin, dass Behinderungen durch besondere Fähigkeiten ausgeglichen werden können, weisen so auch auf die Stärken von Ginny hin.

c) Coo ist stark und mutig, hat keine Angst, ist aber gleichzeitig auch weich und kuschelig. Er vermittelt die Vorstellung von Schutz, Wärme und Geborgenheit. Seine Behinderung ist besonders groß, so wie auch Ginny ihre eigene Behinderung empfindet. In seiner Stärke ist Coo auch ein Vorbild für den Umgang mit der Behinderung.

VII. INTERPRETATION *SH 52-55*

EINE INTERPRETATION ENTWICKELN *SH 52*

Aufgabe 1

Interpretationen begründen

Die Geschichte von Deo und Kaira ist sehr einfühlsam erzählt.

- genaue Beschreibung der Gefühle von Deo und Kaira
- Einfühlung in die Figuren leicht möglich

Dem sympathischen Deo, der sich um den rechten Weg bemüht, fliegen die Sympathien der Leserinnen und Leser zu. Er zeigt durch sein Verhalten, wie man sich auch in schwierigen Situationen bemühen kann, etwas aus seinem Leben zu machen.

- Einfühlungsvermögen gegenüber Ginny und Kaira
- Fünf-Schritte-Plan

Ganz besonders gelungen ist die Darstellung der Freundschaft von Deo und Ginny, vor allem die liebevolle Art, wie Deo mit seiner behinderten Nachbarin umgeht.

- kein Mitleid, sondern Interesse
- will ihr Freude machen
- Verantwortungsgefühl

Für junge Menschen kann Deo, der sich in der Schule anstrengt und versucht, seine Ängste zu überwinden, ein Vorbild sein.

- Plan der kleinen Schritte
- Durchhaltevermögen
- Einsicht, selbst für sein Leben verantwortlich zu sein

Auch wenn die Geschichte nicht die ganz große Spannung bietet, so ist sie doch durch die vielen unterschiedlichen Situationen, in denen sich die Figuren im Verlauf des Geschehens befinden, sehr unterhaltend.

- Ginny – Deo
- Schwarzmarkthandel
- Geschehen am Konzertabend
- Deo-Kaira-Begegnungen
- Ermittlungen der Polizei
- Geschehen in San Francisco

Die beiden Erzählstränge, die auf der einen Seite Deos Lebenswelt und auf der anderen die Welt des Show-Business der jungen Sängerin Kaira darstellen, sind geschickt miteinander verbunden, als sich die beiden jungen Leute begegnen. Aus dieser Begegnung entsteht noch einmal eine neue Geschichte, die zu Veränderungen führt. Das zu verfolgen, ist sehr spannend.

- Geschichte von Deo und Kaira (Kennenlernen – Treffen – Nähe – Missverstehen – Bruch – neue Einsichten)

Durch das Leben Kairas, die berühmt aber einsam ist, kommt man zum Nachdenken. Man ist nicht mehr nur ein Teil des bewundernden Publikums, sondern hat die Chance, sich die Schattenseiten des Show-Business deutlich zu machen und dadurch kritischer zu werden.

- Blick hinter die Bühne
- Schattenseiten des Show-Business

Das Vorgehen des Managers und Stiefvaters von Kaira erscheint übertrieben und wenig realistisch. Es sollte wohl die Handlung etwas spannender machen. Aber es passt nicht in die sonst so lebensnahe Darstellung der Charaktere und Ereignisse.

- Betrug wirklichkeitsnah
- Mordplan nicht realistisch für Show-Business

Die zahlreichen Dialoge im Text sind sehr lebendig, manchmal auch witzig, und tragen viel zum Lesevergnügen bei.
Ginny – Deo: einfühlsam
X-Ray – Deo: kumpelhaft
X-Ray – Mrs Newberg: verständnisvoll
Deo – Kaira: abwechslungsreich

Der Rat „kleine Schritte" zu machen ist ein wundervoller Vorschlag und wert, ihn auszuprobieren. So kann ein Jugendbuch eine positive Wirkung bis in das Leben der Leser haben.

- Möglichkeit, mit größeren Vorhaben fertig zu werden
- Vorbild

Aufgabe 2 ***SH 52***

Erklärung der Kleinschreibung des Titels

passend zu dem Rat und seiner Befolgung von Deo, kleine Schritte zu machen

Aufgabe 3

Erläuterung von Textstellen

- Hinweis auf ein mögliches Wiedersehen, eine mögliche Beziehung
- Einschränkung durch das „vielleicht"
- Versuch, langsam zu sich zu finden
- erkennen, wer man ist

LÖSUNGEN ZU DEN MATERIALIEN DES LEHERERHEFTES

LOUIS SACHAR – LEBEN UND WERK ***M 27***

Lückenwörter

Kinder- und Jugendbuchautor – Lesen – Wirtschaftswissenschaften – Kinderbuch – finanziell – Jura – Rechtsanwalt – Schreiben – Studiums – Hunden – Übersetzungen – Fluch – weitergegeben – Trottel – Talentshow – Erziehungscamp – Achtung – Ekel – Monster – sensibler – Zurückweisung – reichen – langweiliges – verändert

DER KAMPF GEGEN DEN RASSISMUS (TEXTARBEIT) ***M 28-31***

Aufgabe 1

Ankreuzaufgabe

r – f – r – r – f – r – f

Aufgabe 2

Teilsätze vervollständigen

Obama und seine Frau könnten von ihrem Alter her die Kinder der Kämpfer für die Bürgerrechtsbewegung sein, denn **Obama ist Jahrgang 1961 und seine Frau Michelle wurde 1964 geboren.**

Um die Reaktion der alten Afroamerikaner auf die Wahl Obamas verstehen zu können, **muss man sich Berichte und Bilder aus diesen Jahren ansehen.**

Aufgabe 3

Teilsätze verbinden

Bundespräsident Christian Wulff wollte seinen Aufruf zur Einheit als Ruf an alle in Deutschland lebenden Menschen verstanden wissen. Christian Wulff verstand sich als Präsident aller Menschen, die in der BRD leben.

Christian Wulff sprach von der Überzeugung, dass die Zukunft den Ländern gehöre, die für Vielfalt und Fremdes offen sind. Wulff glaubte, dass ein gemeinsamer Weg auch ein gemeinsames Ziel braucht.

Wulff wies aber auch darauf hin, dass sich alle an gemeinsame Regeln halten müssen.

Aufgabe 4

Textstellen zu Umformulierungen heraussuchen

Text 1: Dennoch dauerte es noch lange, bis die Gleichberechtigung aller Schwarzen in den USA gegen den heftigen Widerstand vieler Bundesstaaten, Richter, Politiker und Rassisten durchgesetzt werden konnte.

Text 2: Sie schreiben: „Für uns spielt keine Rolle, woher einer kommt, sondern vielmehr, wohin einer will."

Text 3: Das Christentum gehört zweifelsfrei zu Deutschland. Das Judentum gehört zweifelsfrei zu Deutschland. [...] Aber der Islam gehört inzwischen auch zu Deutschland.

Aufgabe 5

Fragen beantworten

a) Die völlige Gleichberechtigung der schwarzen Bevölkerung ist noch nicht erreicht. Das ist an dem Verhalten der Bürgermeisterin und an den Erfahrungen, die Deo macht, zu erkennen.

b) Am deutlichsten ist es an dem Einsatz der Bürgermeisterin für Deo zu erkennen, da sie so als Politikerin versucht, das Bürgerrechtsgesetz durchzusetzen.

DIE BEHINDERUNG GINNYS *M 31-33*

Dialog vervollständigen

Kaira	Ginny, du hast gesagt, dass du eine Blutung im Gehirn gehabt hast, als du geboren wurdest. Was bedeutet das denn für deine Behinderung?
Ginny	**Ich habe eine Zerebralparese, das ist eine Bewegungsstörung.**
Kaira	Wodurch kommt denn diese Bewegungsstörung?
Ginny	**Weil die Gehirnzellen geschädigt sind, die Signale an die Muskeln schicken, ist der Bewegungsablauf gestört.**
Kaira	Werden denn dann keine oder falsche Signale vom Gehirn an die Muskeln geschickt?
Ginny	**Es werden zu viele oder zu wenige Signale geschickt.**
Kaira	Welche Auswirkungen hat das auf dich, auf die Arbeit deiner Muskeln?
Ginny	**Meine Muskeln sind dann zu wenig oder zu sehr gespannt.**
Kaira	War das so eine Situation vorhin vor dem Konzert?
Ginny	**Ja, ich habe manchmal Krampfanfälle, wie vorhin vor dem Konzert, als ich mich so aufgeregt habe wegen der gefälschten Karten. Da waren meine Muskeln zu sehr gespannt.**
Kaira	Welche Schwierigkeiten mit den Bewegungen hast du, wenn die Muskeln zu wenig gespannt sind?
Ginny	**Mein Arm macht zum Beispiel Bewegungen, die ich gar nicht machen will, und ich hab dann das Gefühl, der Arm gehört gar nicht zu mir.**
Kaira	Und wie ist das mit deinen Beinen, dem Gehen?
Ginny	**Auch mit dem Gehen habe ich Schwierigkeiten, ich hatte auch schon Beinschienen und besitze ein Gehgestell. Das benutze ich aber nur, wenn es schnell gehen soll, zum Beispiel in der Schule, wenn ich in der Pause nach draußen will.**
Kaira	Kannst du überhaupt ohne Hilfe spazieren gehen?
Ginny	**Ich gehe jeden Tag mit Deo spazieren. Da brauche ich keine Gehhilfe.**
Kaira	Hast du noch andere Schwierigkeiten außer mit den Bewegungen, die du eben genannt hast?
Ginny	**Leider ja, ich habe, vor allem, wenn ich mich aufrege, Schwierigkeiten mit dem Sprechen, ich stottere dann.**
Kaira	Deo ist dein Freund und er hilft dir. Gibt es auch Menschen, die verletzend zu dir sind?
Ginny	**Die gibt es auch. Manche nennen mich „Spasti" oder „zurückgeblieben". Aber die meisten respektieren mich, wie ich bin.**
Kaira	Hat das auch mit Deo und mit deinem Verhalten zu tun?
Ginny	**Ja, denn sie wissen, dass ich eine Freundin von ihm bin und dass ich ihnen alle Fragen zu meiner Krankheit beantworte.**
Kaira	So wie du mir auch alle meine Fragen beantwortet hast. Dafür danke ich dir, für dein Vertrauen. Und ich wünsch dir alles Gute.
Ginny	**Ich habe gern mit dir darüber gesprochen. Das hat mir gut getan. Und dir wünsche ich eine tolle Zukunft.**

GESAMTWIEDERHOLUNG *M 35-38*

Inhalt

Lückenwörter

Erziehungscamp – Spitznamen – Sozialarbeiterin – Schritte – Abschluss – Leben – Ginny – Sängerin – Karriere – Freunde – Begegnung – Liebesbeziehung/Beziehung – Missverständnis – Vertrauen – Geld – Manager – Leibwächter – Hause – X-Ray – Austin – Ermittlungen – Einsichten – Gesang – Show – Liebesbeziehung/Beziehung

Multi-Interview

1) Theodore Johnson – junger US-Amerikaner – schwarze Hautfarbe
2) Erziehungscamp Green Lake
3) Weg der „kleinen Schritte"
4) High-School-Abschluss machen – Job suchen – Alles Geld sparen – Sich aus Situationen heraushalten, die aus dem Ruder laufen könnten – Den Namen Deo loswerden
5) zuverlässig – pflichtbewusst – kreativ – mitdenkend – fleißig
6) Schwarzmarkthandel mit Karten für das Kaira-DeLeon-Konzert in Austin
7) partnerschaftlich, was das Teilen des Gewinns angeht, nicht ganz ehrlich, was den Kartenverkauf angeht
8) Deo von Polizei wegen gefälschter Karten grob behandelt – Anfall Ginnys
9) Eingreifen der Bürgermeisterin/Festnahme Deos verhindert – Eingreifen Kairas/Einladung auf die Bühne
10) besonders erfolgreiches Konzert/Kairas besondere Freude am Singen – Deo und Ginny dem Publikum als Freunde vorgestellt – Unterhaltung nach dem Konzert
11) Kairas Anruf und Einladung ins Hotel
12) zuerst zähes Gespräch – Flucht vor Leibwächter Fred auf die Terrasse/in den Garten – Kuss durch Fred verhindert
13) Rede über Ginnys Lieblingsstofftier soll Rededuell gewinnen
14) wegen der gefälschten Karten von X-Ray
15) hält Deo für ehrlich, geht respektvoll mit ihm um – hält X-Ray für unehrlich, fragt genau und streng nach
16) Brief, Anruf und Einladung nach San Francisco
17) Felix' Ärger über die geschäftsschädigenden gefälschten Karten – Erpressungsversuch um Kairas Brief, von dem ihm X-Ray erzählt hat
18) Flug nach San Francisco – Prüfung versäumen – Fred hinhalten
19) Spaziergang nach Anhängen von Fred in Chinatown – Verliebtsein/Kuss – Café im italienischen Viertel
20) Missverständnis Kairas wegen Deos Bitte um zweiten Brief – Vorwurf: ist wie alle/will nur ihr Geld
21) Mordanschlag von El Genius
22) Fred und später Deo
23) Kaira/Fred ins Krankenhaus – El Genius von Polizei abgeführt – Deos Flug nach Hause
24) Deo: Schulabschluss/Job/eigenes Leben – Kaira: kein Geld/keine Stimme mehr – nach Genesung: Gesang und Konzert nach ihren Vorstellungen: keine große Show, sondern ehrlicher, natürlicher Gesang
25) Möglichkeit der weiteren Beziehung angedeutet in Kairas Lied und Deos Reaktion auf das Lied und seinen Gedanken, Ende des Romans bleibt aber offen

TRAINING: Gestaltende Schreibformen *M 40-44*

Erlebte Rede

Die Lösungen, die die Inhalte betreffen, sind identisch mit den Ergebnissen der Schreibaufgabe zum inneren Monolog im Schülerheft und befinden sich auf der Seite 62. Im Unterschied dazu sind auf der formalen Ebene hier die Merkmale der erlebten Rede zu beachten.

Tagebucheinträge Kairas

Mögliche Inhalte für die Tagebucheinträge Kairas

1) Tagebucheintrag:

- alleinige Verantwortung für einen Neuanfang der Karriere
- notweniger Einsatz für den Neuanfang
- Auseinandersetzung mit dem bisherigen Leben
- Gedanken an Deo/Einschätzen der Beziehung/Hoffnung auf eine mögliche Beziehung
- Reaktion auf Verlust des Geldes/Lebensunterhalt sichern/Zukunftsangst
- Reaktion auf möglichen Verlust der Stimme

2) Tagebucheintrag:
- Arbeit an der Stimme
- neuer Gesangsstil als Ausdruck ihrer eigenen Vorstellungen
- Art der Veränderung des Gesanges
- Liedtexte auf der Basis der gemachten Erfahrungen
- Einbeziehen der Gedanken an Deo in die neuen Liedtexte
- Möglichkeit einer Beziehung nur angedeutet in den Texten
- auf dem Weg der Selbstfindung

KLASSENARBEIT: Gestaltendes Schreiben *M 45*

1) *Situation im Gesamtzusammenhang*

Dieser Textauszug beschreibt die Situation, in der sich Kaira bei Fred für sein selbstloses Eingreifen bedankt und sich für ihr Verhalten ihm gegenüber entschuldigt.

2) *Ankreuzaufgabe*

trifft zu – trifft nicht zu – trifft nicht zu – trifft zu – trifft nicht zu

3) *Fred Adjektive zuordnen*

zuverlässig: immer an Kairas Seite, durchgehende Bewachung
verständnisvoll: Verhalten Kaira gegenüber, als sie sich bedankt und entschuldigt
mutig: greift ohne Rücksicht auf sein eigenes Leben in den Kampf mit El Genius ein

4) *Satzbau bestimmen*

a) Satzgefüge
b) einfacher Hauptsatz

5) *Umformulierung*

a) Ich danke dir, dass du dein Leben für mich riskiert hast.
b) Schwierigkeiten mit der Stimme: so wenig wie möglich sprechen

6) *Wörter ersetzen*

undeutlich/unklar – herabschaute – probierte – jedoch – glückte – nah

7) *Romaninhalt knapp zusammenfassen*

Der Roman handelt von Deo, einem jungen Schwarzamerikaner, der nach seinem Aufenthalt in einem Erziehungscamp sein Leben in „kleinen Schritten" neu aufbauen will.
Begleitet wird er auf diesem Weg von seiner kleinen behinderten Freundin Ginny.
Die Begegnung mit der erfolgreichen Sängerin Kaira bringt sein Leben durcheinander, die Hoffnung auf eine Beziehung wird am Ende des Romans nicht erfüllt, die Möglichkeit bleibt aber offen.
Zudem gerät Deo durch Machenschaften seines Kumpels X-Ray mit Konzertkarten zeitweise ins Visier polizeilicher Ermittlungen, die aber eingestellt werden.

8) *Innerer Monolog Freds*

Erwartete Inhalte:
- Bewachung Kairas/Schwierigkeiten durch Kairas Fluchtversuche
- anfängliches Misstrauen gegenüber Deo
- Wahrnehmung der einsamen Situation Kairas
- Einsatz beim Mordanschlag
- Folgen: Krankenhaus
- Sorge um Kaira/Verständnis für Kaira
- Berücksichtigung seiner Gedanken/Beurteilungen, Gefühle
- Berücksichtigung der Merkmale des inneren Monologs

KLASSENARBEIT: Interpretierendes Schreiben *M 48*

1) *Thema des Textauszuges*

☒ In diesem Textauszug geht es um die Übergabe der Konzertkarten und X-Rays merkwürdigen Rat.

2) *Lückentext vervollständigen*

Lückenwörter:

X-Ray – Karten – lange – Umschlag – deutlich – geschmeidig – Aufmerksamkeit – Erklärungen

3) *Einfache Romansprache erklären*

- einfache Satzkonstruktion: viele Hauptsätze/unkomplizierte Satzgefüge
- einfache, bekannte Wörter der Standardsprache

4) *Sprachliches Merkmal bestimmen/Wirkung erläutern*

a) wörtliche Rede

b) Lebendigkeit

5) *Passende Adjektive bestimmen/Wahl begründen*

Deo:

naiv: kommt nicht auf die Idee, dass X-Ray ihn hintergeht

vertrauensvoll: traut X-Ray keine betrügerische Absicht zu

unaufmerksam: hört nicht genau auf X-Rays mehrmaligen Rat

X-Ray:

gerissen: Ideenreichtum jenseits der Legalität zum eigenen Vorteil

schlau: Kopieren der Konzertkarten, um sie verkaufen zu können und Deo nicht zu enttäuschen

geschäftstüchtig: im Handel mit den Konzertkarten und im Umgang mit Deo

6) *Erläuterung einer Textstelle*

X-Ray will Deo nicht verraten, dass er ihm gefälschte Karten gegeben hat. Aber er will ihn auch nicht ohne Andeutung ins offene Messer laufen lassen. Er gibt die Hinweise, um Deo vorzubereiten, aber auch um sein eigenes Gewissen zu beruhigen.

7) *Die Rolle X-Rays für den Handlungsverlauf darstellen/Textstellen hinzufügen*

Erwartete Angaben:

- Kumpel und Gegenfigur zu Deo (Zusammenhalt – Einstellung/Verhalten)
- Verführung Deos zum Schwarzmarkthandel mit den Karten
- daher: Abweichen Deos von seinem „Fünf-Schritte-Plan": alles Geld zur Seite legen
- Hineinziehen Deos in die polizeilichen Ermittlungen wegen der gefälschten Karten
- Verursacher der Erpressung Felix' wegen Kairas Brief
- daher mitverantwortlich für das Missverständnis Kairas (Bitte um den zweiten Brief)

Textausgabe/Hörbuch

Sachar, Louis: kleine schritte. Lizenzausgabe für Krapp & Gutknecht Verlag GmbH 2014
Sachar, Louis: Löcher. Die Geheimnisse von Green Lake. Beltz & Gelberg 1999
Sachar, Louis: Survivel Guide für Camp Green Lake. Beltz & Gelberg 2009
Sachar, Louis: kleine schritte, Hörbuch, gesprochen von Peter Dirmeier Goya LIT

Sekundärliteratur

Abraham, U/Kepser, M: Literaturdidaktik Deutsch. Eine Einführung. Erich Schmidt Verlag 2006
Bermann, Katja: HÖR-GÄNGE: Konzeption einer Hörerziehung für den Deutschunterricht. Athena 2006
Bernius, Volker/Imhof, Margarete (Hg.): Zuhörkompetenz in Unterricht und Schule. Beiträge aus Wissenschaft und Praxis. Edition Zuhören. Vandenhoeck & Ruprecht 2010
Brüning, Ludger/Saum, Tobias: Erfolgreich unterrichten durch kooperatives Lernen. Strategien zur Schüleraktivierung. NDS 2006
Brüning, Ludger/Saum, Tobias: Erfolgreich unterrichten durch Visualisieren, Grafisches Strukturieren mit Strategien des Kooperativen Lernens. NDS 2007
Felten, Michael/Stern, Elsbeth: Lernwirksam unterrichten. Im Schulalltag von der Lernforschung profitieren. Cornelsen 2012 FiNALE Prüfungstraining Mittlerer Bildungsabschluss Basiswissen Deutsch. Westermann 2009
Gailberger, Steffen: Lesen durch Hören. Leseförderung in der Sek. I mit Hörbüchern und neuen Lesestrategien. Beltz 2011
Gansel, Carsten: Moderne Kinder- und Jugendliteratur. Vorschläge für einen kompetenzorientierten Unterricht. Cornelsen SCRIPTOR 2010
von der Groeben, Annemarie: Verschiedenheit nutzen. Besser lernen in heterogenen Gruppen. Cornelsen SCRIPTOR 2008
von der Groeben, Annemarie/Kaiser, Ingrid: Werkstatt Individualisierung. Bergmann +Helbig 2013
Köhler, Norma: Biografische Theaterarbeit zwischen kollektiver und individueller Darstellung. Ein theaterpädagogisches Modell. kopaed 2009
Rosebrock, Cornelia /Nix, Daniel: Grundlagen der Lesedidaktik und der systematischen schulischen Leseförderung. Schneider Verlag Hohengehren GmbH 2010
Scheller, Ingo: Szenische Interpretation. Theorie und Praxis handlungs- und erfahrungsbezogenen Literaturunterrichts in der Sekundarstufe I und II. Kallmeyer 2004
Schoenbach, Ruth/Greenleaf, Cynthia/Cziko, Christine/Hurwitz, Lori: Lesen macht schlau. Neue Lesepraxis für weiterführende Schulen. Cornelsen Scriptor 2006
Spinner, Kaspar H.: Kreativer Deutschunterricht. Identität – Imagination – Kognition. Kallmeyer 2001
Wahl, Diethelm: Lernumgebungen erfolgreich gestalten – Vom trägen Wissen zum kompetenten Handeln. Verlag Julius Klinkhardt 2006
Willenberg, Heiner (Hrsg.): Kompetenzhandbuch für den Deutschunterricht. Schneider Verlag2010

Internetadressen (Zugriff Mai 2014)

http://ulfcronenberg.macbay.de/wordpress/2008/05/23/buchbesprechung-louis-sachar-kleine-schritte/
http://www.blues-browser.de/uni/schichten.htm
http://www.erdbeerlounge.de/stars-entertainment/Lorde-kritisiert-das-Showgeschaeft-35419/
http://de.wikipedia.org/wiki/Louis_Sachar

Louis Sachar – Biografie und Inhaltsangaben

http://www.inhaltsangabe.de
http://www.lovelybooks.de/autor/Louis-Sachar/

momox.com/sale
A-xxisbp

ISBN: 978-3-941206-65-6
Best. Nr.: L 1065
9 783941 206656